Anna Lutz
Frank Heinrich

Ich hatte mir vorgenommen, Mensch zu bleiben

12 Jahre als Christ
im Deutschen
Bundestag

BRUNNEN
Verlag GmbH · Giessen

Frank Heinrich, Jg. 1964, ist Theologe, Sozialpädagoge und Politiker (CDU). Von 2009 bis 2021 war er Mitglied des Deutschen Bundestages. 1997 wurde Heinrich als Heilsarmee-Offizier ordiniert (Pastor). Von 1997 bis zu seiner Bundestagskandidatur 2009 leitete er zusammen mit seiner Frau das Heilsarmee-Korps in Chemnitz. Seit 2023 zählt er zur Doppelspitze des Vorstands der Deutschen Evangelischen Allianz und ist deren Politikbeauftragter. Frank Heinrich ist seit 1987 verheiratet und Vater von vier Kindern.

Anna Lutz, Jg. 1983, lebt mit ihrem Mann und zwei Kindern in der Nähe von Berlin. Sie hat Politikwissenschaften und Soziologie studiert. Heute arbeitet sie hauptberuflich als Redakteurin und Korrespondentin in Berlin für die Christliche Medieninitiative PRO. Als Journalistin packt sie oft politische Themen an, porträtiert aber auch leidenschaftlich gerne Menschen und deren Glauben.

Die Bibelstellen sind entnommen:
Neues Leben. Die Bibel, © der deutschen Ausgabe 2002 und 2006 SCM R.Brockhaus in der SCM Verlagsgruppe GmbH, Witten/Holzgerlingen.
Hoffnung für alle®, Copyright © 1983, 1996, 2002, 2015 by Biblica, Inc.®. Verwendet mit freundlicher Genehmigung des Herausgebers Fontis.

© 2023 Brunnen Verlag GmbH, Gießen
Lektorat: Stefan Loß
Umschlagfoto: Susanne Domaratius-Enders
Fotos im Innenteil: Frank Heinrich, Susanne Domaratius-Enders;
©Frank Heinrich
Umschlaggestaltung: Jonathan Maul
Satz: Brunnen Verlag GmbH
Druck: GGP Media GmbH, Pößneck
Gedruckt in Deutschland
ISBN Buch 978-3-7655-3624-3
ISBN E-Book 978-3-7655-7693-5
www.brunnen-verlag.de

Ein Buch über das Christsein in der Berliner Politik – keiner könnte es besser schreiben als Frank Heinrich. Frank war immer einer, der mit dem Herzen Politik machte und mit einem klar christlichen Kompass. Wenige Politiker gehen mit ihrem Glauben so offen um. Ich habe das stets als Stärke wahrgenommen. Dafür bin ich ihm sehr dankbar.

Ralph Brinkhaus, MdB, 2018 bis 2022 Vorsitzender der CDU/CSU-Bundestagsfraktion

Auch wenn sich Schnittmengen zwischen Frank Heinrich und mir nicht auf den ersten Blick ausmachen lassen, weder Geschlecht noch Region, Partei, Religion passen wirklich zusammen; doch im Kampf für das Nordische Modell in der Prostitution, also für Freierbestrafung, Entkriminalisierung der Frauen in der Prostitution, Ausstiegsberatung und Aufklärung haben wir eine ganze Legislaturperiode im Bundestag zusammengearbeitet, Debatten angestoßen, führen sie weiter. Kein Karriereheini werden, Mensch bleiben und nicht abheben, das wollte Frank Heinrich im Deutschen Bundestag. Das ist ihm gelungen. Er ist ein Guter.

Leni Breymaier, MdB, SPD

Für Frank Heinrich ist Glaube nicht nur Privatsache, sondern auch Antrieb seiner politischen Arbeit. So wie er als Christ vor Gott tritt, füllte er auch sein Amt als Abgeordneter aus: mit Ehrfurcht, Demut und Herz. Während seiner Amtszeit lernte er Fluch und Segen des Politikerseins kennen, doch ist er nie ins Moll verfallen. Optimistisch und tatkräftig stellte er sich Ungerechtigkeit entgegen und machte

sich insbesondere im Kampf gegen Menschenhandel verdient.

*Omid Nouripour, MdB und seit Februar 2022 gemeinsam
mit Ricarda Lang Bundesvorsitzender von Bündnis 90/Die
Grünen*

Ich habe Frank im Menschenrechtsausschuss als einen Kollegen kennengelernt, dem es um die Sache ging. Wir haben eng
zusammengearbeitet bei Themen der Ernährungssicherheit
und der humanitären Hilfe. Sein besonderes Interesse galt
dem Kontinent Afrika. Frank verband immer die sensible Art
und feinfühlige Kommunikation mit tiefer Fachkenntnis und
Aufmerksamkeit für neue Aspekte unserer Arbeit im Ausschuss. Seine Reden waren tiefsinnig. Traf man ihn, hatte
er immer ein Augenzwinkern und einen Gruß parat. Er ist
ein Mensch, den man nicht allzu häufig im politischen Berlin
trifft. Dieses Buch macht das einmal mehr deutlich.

*Gyde Jensen, MdB, Stellvertretende Fraktionsvorsitzende
Fraktion der Freien Demokraten*

Inhalt

Vorwort

Frank Heinrich und ich sind 2009 gemeinsam aus Sachsen in den Bundestag eingezogen: er aus Chemnitz, ich aus Meißen. Frank war politisch ein Anfänger, ich war schon viele Jahre Landesminister und vier Jahre Bundesminister gewesen, also eigentlich erfahren. Und dennoch war auch für mich der Beginn im Deutschen Bundestag als „Vertreter des ganzen Volkes", wie es in Artikel 38 des Grundgesetzes heißt, neu und aufregend.

Ein Beispiel: Ein Bundesminister, der kein Abgeordneter ist, darf die Regierungsbank nicht in Richtung Plenum verlassen. Ein Abgeordneter darf aber seinerseits einen Minister auf der Regierungsbank „besuchen". Ein Minister ist ernannt, ein Abgeordneter gewählt. Das macht schon etwas mit einem.

Während der Sitzungswochen traf ich mich jeden Montagabend mit Frank Heinrich in der Gruppe der CDU-Abgeordneten aus Sachsen. Das ist eine Gruppe ganz unterschiedlicher Charaktere. Wir haben dort viel diskutiert und manches Mal gestritten. Aber nie ist ein Wort davon nach draußen gedrungen. Und Frank Heinrich war immer derjenige, der Verständnis äußerte für die Position der anderen, auch wenn er sie nicht teilte. Wir hatten alle Vorurteile: Was wird denn das für einer sein, der aus der Heilsarmee kommt? Kann der überhaupt praktisch denken und politisch konkret werden? Ja, das konnte und kann Frank Heinrich. Er hat nie seinen Glauben versteckt oder Moralin trompetend vor sich hergetragen. Natürlich konnte er grundsätzlich werden, aber genauso wusste er Bescheid über Details der Arbeitsmarktpolitik. Er setzt sich für Menschenrechte ein, aber vor allem für Menschen. Seine Reden waren anders: kein Politikersprech, wenige Argumente, die ohnehin schon jede und jeder kannte, dafür eine frische Sprache. Er wählte ungewöhnliche Vergleiche, kämpfte oft mit der Redezeitbegrenzung, weil er noch so viel zu sagen hatte. Irgendwie wurde es stiller im Plenum, wenn er sprach. Oft spät in der Nacht oder zu ungünstigen Redezeiten, weil die Großen längst die guten Redeplätze beansprucht hatten. Aber das störte ihn nicht. Immer kam es ihm auf die Menschen an, zu denen er sprach, und auf das Argument.

Mit vielen Abgeordneten habe ich in Pausen oder während langweiliger Reden freundlich und belanglos geplaudert, mit Frank Heinrich waren das meistens gehaltvolle Gespräche: über uns oder über Gott und die Welt.

Frank Heinrich hat dem Deutschen Bundestag 12 Jahre gutgetan. Seine Wahlniederlage nach 12 Jahren hat er vorbildlich demütig angenommen. Von solchen Christen in der Politik bräuchten wir mehr.

Wie schön, dass er in diesem Buch seine sehr persönlichen Erfahrungen und Erlebnisse schildert. Ich hoffe, dass dieses Buch manche Vorurteile gegen Politiker im Allgemeinen oder Bundestagsabgeordnete im Speziellen abbaut.

Vielen Dank und alles Gute, lieber Frank.

Dresden, im Februar 2023

Dr. Thomas de Maizière

Prolog

Am 25. September 2021 spreche ich in das Mikrofon meines Smartphones: „Noch ein letzter Tag, dann ist es so weit. Gott, ich vertraue dir, dass du jeden Schritt führst, der da kommt. Dein Wille geschehe."

Am nächsten Morgen werden rund 45 Millionen deutsche Bürger zur Urne gehen. Die Bundestagswahl steht an. Für mich ist es die vierte als Berufspolitiker, wenn man jene im Jahr 2009 mitzählt, die mich in den Bundestag brachte. Seitdem habe ich immer das Direktmandat in Chemnitz geholt.

Doch diese Wahl wird anders sein. Sie wird mich das Amt kosten.

Am Vorabend ahne ich das noch nicht. Ich bespreche wie so oft mein Audiotagebuch. Dutzende Male habe ich das in den Wochen vor der Wahl getan. Das Handy ist mein Vertrauter. Und dem habe ich vor allem eines offenbart: meine Zuversicht. Denn ich bin fest davon überzeugt, dass ich es wieder schaffe. So wie in den Jahren zuvor: das erste Mal als Überraschungssieger. Und das letzte Mal sogar, nachdem mein AfD-Herausforderer Nico Köhler in den ersten Hochrechnungen vorne gelegen hatte. Erst spät in der Nacht war im September 2017 klar: Ich gewinne, wenn auch nur mit 2,5 Prozentpunkten Vorsprung.

Deshalb gebe ich in diesen Tagen vor der Wahl 2021 auch nicht viel auf die Prognosen, obwohl sie durchaus gemischt sind. Meine härtesten Konkurrenten im Wahlkreis Chemnitz sind Detlef Müller von der SPD und Michael Klonovsky von der AfD. Letzterer war bis dato Redenschreiber des AfD-Fraktionsvorsitzenden Alexander Gauland, arbeitete davor für die einstige Parteichefin Frauke Petry. Die Umfragen sehen ihn immer abwechselnd mit mir und dem SPD-Kollegen ganz vorne. Das hat auch damit zu tun, dass die CDU im Bund es in diesen Tagen schwer hat. Noch immer hängt meiner Partei im Nacken, dass Kanzlerkandidat Armin Laschet sich während eines Besuchs im Gebiet der Flutkatastrophe im Ahrtal bei einem unbedachten Lacher filmen ließ. Im Vordergrund sprach Bundespräsident Frank-Walter Steinmeier über das Leid der Anwohner und im Hintergrund schien sich der mögliche künftige Kanzler über einen unbedachten Witz zu amüsieren. Weder das politische Berlin noch die Chemnitzer haben diesen Auftritt honoriert, auch wenn er in meinen Augen wenige Rückschlüsse auf die Qualität eines Politikers zulässt. Wem passiert schließlich nicht mal ein Ausrutscher, erst recht in Zeiten der Anspannung? Ich weiß, wovon ich rede. Dennoch: Ein parteiinterner Streit darüber, ob Laschet überhaupt zum Kanzler taugt, dauerte noch bis Wochen vor der Wahl an. Das gilt auch für Chemnitz, die Stadt wählt traditionell eher links meiner Partei. Nun ist die CDU zusätzlich angeschlagen. Wir könnten die Wahlen verlieren. Auf Bundesebene, aber eben auch hier in meiner Heimat.

Mir ist all das bewusst und doch lege ich mich an diesem Samstagabend ins Bett und blicke fröhlich auf den kommenden Sonntag. Gottes Wille geschehe. Das ist mein Abendgebet, diese Worte machen mich ruhig. Das haben sie schon mein ganzes Leben lang. Ich bin Christ, Pastor, ehemaliger Heilsarmee-Offizier und bis dato einer von zwei evangelischen Freikirchlern im Deutschen Bundestag. Manche nennen mich fromm. Ich schließe die Augen und finde schnell in den Schlaf. Gottes Wille geschehe, doch meiner ist klar: Ich möchte es ein weiteres Mal schaffen.

In den Wochen und Monaten vor der Wahl habe ich viel Zuspruch bekommen. Von Parteikollegen, aber auch von Mitchristen. Viele haben den Eindruck, ich sei berufen. Für Gott in den Bundestag. Sie sehen mich als Hoffnungsträger. Und wer die Hoffnung trägt, den wird Gott nicht fallen lassen, oder?

Nicht einmal 18 Stunden später ist meine Wahlparty im Café Michaelis in der Innenstadt von Chemnitz in vollem Gange. Das Restaurant liegt gerade mal eine Laufminute vom Rathaus entfernt, wo ich auf die ersten Hochrechnungen warte, bevor auch ich mich zur Runde der Feiernden gesellen will. Im Rathaussaal mit seinen holzvertäfelten Wänden sind auch die meisten anderen Spitzenkandidaten der Chemnitzer Parteien zusammengekommen, es ist gute Tradition. Doch als die ersten Zahlen auf die Leinwände projiziert werden, ist klar: Es sieht nicht gut aus für mich. In solchen Momenten überholt mich gelegentlich mein Optimismus, ich sehe alles positiv, versuche immer, die Hoffnung zu bewahren, auch wenn ich schlechte Karten auf der Hand habe. Doch irgendwann zwischen 20 und 21 Uhr steht tatsächlich fest: Das ist gelaufen. SPD-Kandidat Müller holt am Ende über 25 Prozent der Stimmen, Klonovsky von der AfD knapp 22 Prozent, ich liege mit 18,5 Punkten an dritter Stelle. Ganze acht Prozent hinter meinem letzten Wahlergebnis. In der Politik sind das Welten.

Die Niederlage bewegt mich. Ich habe sie nicht kommen sehen. Vielleicht auch nicht kommen sehen wollen. Habe sie mich treffen lassen wie ein Blitz. Unvorbereitet. Ich erinnere mich an den Zuspruch der letzten Wochen und plötzlich auch an einen Satz, den ein Freund zu mir sagte, nachdem ich meine erste Bundestagswahl gewonnen hatte: „Frank, sei dir klar, dass jetzt viele Fromme denken, du würdest der nächste

Kanzler. Halt dich nicht an diesem Gedanken fest." Habe ich mich doch zu sehr an dieser Erwartung festgehalten? Hoffnungsträger zu sein, ist Segen und Fluch zugleich.

Ich gratuliere meinem Herausforderer Müller mit einem Lächeln und den Worten: „Jetzt steht es drei zu eins." Den kleinen Seitenhieb auf die letzten Wahlen kann ich mir nicht verkneifen, man nennt mich nicht umsonst auch „Happy" Heinrich. Ein Witz muss gehen, selbst in so schwierigen Momenten. Klonovsky ist nicht vor Ort und ich bin froh darüber. Dass ich auch gegen ihn verliere, macht mich trauriger als die Niederlage gegen den SPD-Herausforderer. Aber immerhin holt die AfD nicht das Direktmandat.

Ich verlasse das Rathaus und laufe den kurzen Weg ins Café Michaelis. Auch hier sind alle bereits informiert, die Hochrechnungen stehen groß und farbenfroh auf einer Leinwand, die eigens für den Abend aufgebaut wurde. Ich betrete den Raum und sehe meine Kollegen der CDU Chemnitz. Meine Wahlkämpfer. Freunde. Verwandte. Wegbegleiter. All jene, die in den letzten Wochen hart für mich gearbeitet und ebenso heftig gehofft haben wie ich selbst. Sie alle hätten jetzt gerne mit mir auf den Sieg angestoßen. Doch anstelle zuversichtlicher Trinksprüche und Gratulationen steht die Enttäuschung. Ich glaube, sie in jedem einzelnen Gesicht zu lesen. Dann kommt meine Frau Regina auf mich zu, nimmt mich in den Arm, sagt: „Mehr Zeit zu haben, ist auch schön." Und lächelt. Ich werde in den kommenden Monaten noch oft an diesen Satz denken. Und daran, wie sie mich angelächelt hat und mir den ersten Druck nahm.

Doch nun gilt es zunächst, ein guter Verlierer zu sein. „In der Niederlage erkennt man einen Menschen", sage ich gerne. Es ist so etwas wie meine Arbeitsdoktrin. Jetzt muss ich selbst beweisen, dass ich ein guter Verlierer bin. Als ich vor die Menge trete, brandet Applaus auf. Die Gäste, meine

Freunde, klatschen laut und lange. Irgendwann ergreife ich das Wort.

„Wir haben ein großes Abenteuer erlebt und müssen uns keine Vorwürfe machen", sage ich. Nichts ist vorbereitet, ich spreche ganz frei. Sage Danke für die Jahre in Berlin, Danke für den Wahlkampf, spreche mit Respekt über meinen Herausforderer Müller und freue mich ganz ungeniert darüber, dass Klonovsky nicht gewonnen hat. Nach meiner Rede bricht eine Mitarbeiterin in Tränen aus. Die Gemeinschaft in unseren Büros in Chemnitz und Berlin ist seit zwölf Jahren eine besondere. Als Pastor habe ich bei Kindertaufen der Mitarbeiter gepredigt, habe einmal sogar eine von ihnen getraut. Wenn ich etwas am Bundestag vermissen werde, dann dieses Team. So ist das bei mir immer: Ich liebe es, Menschen kennenzulernen, ihnen zu begegnen, mich auszutauschen. Die große Politik kommt erst danach.

Als ich die Tränen sehe, schalte ich augenblicklich um: von Politiker auf Pastor. Ich nehme die junge Frau in den Arm. Tröste sie und sage, sie soll die gute Zeit in Berlin nie vergessen. Ihre Trauer gilt nicht nur mir. Denn immerhin steht nun fest: Nicht nur ich bin in einigen Wochen arbeitslos, auch mein Büroteam muss die Koffer packen.

Am Ende einigen sich die Gäste unausgesprochen darauf, meiner Abschiedsrede zu folgen: Sie wollen sich freuen über die zwölf Jahre im Hohen Haus und darauf anstoßen. Ein Teil der Trauer verwandelt sich in Feierlaune. Dankbarkeit ersetzt Zukunftssorgen. Die Party dauert bis spät am Abend.

Als ich mich schließlich irgendwann kurz vor Mitternacht verabschiedet habe, gehe ich auf die Straße hinaus und bete einmal mehr. Dieses Mal klingt es anders als am Tag zuvor.

„Gott, mach mein Herz bereit für alles, was kommt."

Zugleich wiederhole ich für mich immer wieder: „Der

Herr hats gegeben, der Herr nimmts." Einige Wochen später wird sich der Satz so ähnlich sogar in einem Interview zu meiner Wahlniederlage finden. Einerseits glaube ich daran, andererseits betäubt das geflügelte Wort den Schmerz über die Niederlage, der sich in der Ruhe zu melden versucht. Die Frage: Was wird nun aus meinen politischen Themen rund um Afrika und dem Kampf gegen Kinderarmut und Menschenhandel? Doch da ist noch mehr.

Ich spaziere nach Hause. Und erinnere mich an die Reaktion meiner Frau. „Mehr Zeit zu haben, ist auch schön." Plötzlich muss ich mir eine Wahrheit eingestehen, die in den Wochen des Wahlkampfs keinen Raum hatte: Politiker zu sein, ist auch eine Last. Und die ist heute von mir abgefallen. Da war zum einen die Arbeitsbelastung, die vielen Tage in Berlin ohne Familie, der Druck, dem Wahlkreis gerecht zu werden. Jenen Menschen, die mich dreimal gewählt haben. Doch auch an freien Tagen zu Hause holte mich der Arbeitsdruck ein. Nicht durch Aktenstapel und Termine, sondern ganz beiläufig.

So gab es in den vergangenen Jahren kein Stadtfest und keine öffentliche Feier, auf der ich mich ganz unbeschwert hätte bewegen können. Keine Veranstaltung, bei der ich nicht erkannt und angesprochen wurde. Das ging auch an meiner Familie nicht spurlos vorüber. Mir geht durch den Kopf, wie Regina und ich einst einen Weihnachtsmarkt in Chemnitz besuchten – und kaum einen einzigen Stand in Ruhe ansehen konnten. Immerzu sprachen mich die Leute an, erklärten mir ihre Probleme und Wünsche für Chemnitz und die Politik in Berlin. Ich habe nie zu den bekanntesten politischen Gesichtern der Bundespolitik gehört, aber hier in meiner Heimat war ich der sprichwörtliche bunte Hund.

Regina und ich blieben nicht lange auf dem Weihnachtsmarkt. Beim nächsten Versuch fuhren wir ins 30 Kilometer entfernte Marienberg. Und oft ließen wir es einfach ganz bleiben. Gemeinsame Zeit bedeutete nun Zeit zu Hause. Anders war es kaum möglich. Und selbst da konnte das Handy jederzeit stören, so sehr, dass meine Frau mir Handyauszeiten verordnete und eine meiner Töchter mir einmal in einem Brief schrieb: „Du drohst deine Familie zu verlieren, wenn du so weitermachst. In Berlin kannst du ja die große Welt retten, hier geht es einfach nur um gemeinsame Abendessen und Brettspiele." Ganz da zu sein, ist mir lange nicht so gut gelungen.

Medien, Kollegen, Termindruck, ständiges Telefonklingeln – das alles wird bald weg sein. Und mit all dem die Last. Zum ersten Mal seit Jahren. Am Morgen nach der Wahl nehme ich einen weiteren Audioeintrag auf. Ich sage: „Ich habe heute Nacht gut geschlafen."

Monate später ist mir klar: Diese ersten Stunden nach der Niederlage waren für mich der Anfang einer Entgiftungskur. Jemand hat mich damals gefragt, ob ich zurück in die Politik will. Meine Antwort war eindeutig: „Von Herzen: Ich bin dankbar für die Zeit, aber, nein danke!"

1. Gewählt

12 Jahre zuvor: Am 27. Oktober 2009 stehe ich mit großen Augen und offenem Mund vor dem Reichstag in Berlin. Es ist mein erster offizieller Arbeitstag als Abgeordneter. Ich blicke auf den Schriftzug „Dem Deutschen Volke", der in großen altdeutschen Lettern über dem Westeingang des Gebäudes prangt. Und kann nicht glauben, was hier geschieht. Das habe ich mir eigentlich nie zugetraut. Nie wollte ich Chef von irgendetwas sein, immer auf Augenhöhe mit den Menschen um mich herum. Nun gehöre ich zu den einflussreichsten Bürgern im Land. Und habe doch wenig Ahnung von dem, was auf mich zukommt.

Ich gehe zusammen mit meinen neuen Kollegen durch die Schleuse am Eingang, zeige meinen Abgeordnetenausweis vor – und bin drin. Es kommt mir vor, als wäre ich wieder sechs Jahre alt. Staunend wie ein kleines Kind gehe ich durch die hohe Vorhalle des Reichstagsgebäudes. Meine Schritte hallen auf dem hellen Marmorboden wider und plötzlich erscheint es mir, als würden sie größer. Als begänne ich automatisch zu schreiten. Während ich immer noch ganz überwältigt bin von dem Haus, der Autorität, die es ausstrahlt, und der Macht, die mir plötzlich gegeben ist, verspreche ich mir: Diesen ersten Tag will ich nie vergessen. Und mir den ehrfürchtigen Blick auf dieses Gebäude und was darin passiert, erhalten. Egal, was kommt, und egal, wie viele Jahre ich hier arbeiten werde. Niemals will ich mich an diesen Arbeitsplatz gewöhnen.

Ich war vorher erst einmal zur Fraktionssitzung im Bundestag, wenige Tage nach der Wahl vor einem Monat. Der parlamentarische Geschäftsführer Norbert Röttgen hatte die Neuen damals mit in den Fraktionssaal eingeladen. Schon dort staunte ich über mich selbst und mein Umfeld, saß gebannt unter dem großen rot verrosteten Metallkreuz von Bildhauer Markus Daum und ließ mich von der Fraktionsspitze auf das einschwören, was nun vor mir lag: Berlin, die große Politik, das Hohe Haus. Letzteres bleibt mir auch bei diesem zweiten Besuch neu. Ich taste mich vor, von Gang zu Gang, schaue immer wieder nach links und rechts, um nichts zu verpassen. Ich reihe mich ein in die Riege der vor vier Wochen gewählten Abgeordneten, zu denen auch ich jetzt gehöre. Wie eine gut gekleidete Entenfamilie laufen wir hintereinanderher, auch, um nicht Gefahr zu laufen, die richtigen Abzweigungen zu verpassen. Denn für Neulinge gleichen der Bundestag und seine Liegenschaften einem Labyrinth.

Dann betrete ich zum ersten Mal den Plenarsaal, stehe unter dem riesigen grauen Bundesadler, der hier alles überragt, streiche mit der Hand über den blauen Stoff der Sitze, die ich bisher nur aus dem Fernsehen kenne. Ich suche mir einen Sitzplatz aus. Der künftige Umweltminister Norbert Röttgen läuft einmal mehr an mir vorbei, von Weitem sehe ich Kanzlerin Angela Merkel, die in der ersten Reihe Platz nimmt. SPD-Kanzlerkandidat Peer Steinbrück setzt sich wenige Meter von mir entfernt hin, Alterspräsident Heinz Riesenhuber ergreift das Wort. Es geht los.

Noch wenige Wochen zuvor hätten wohl wenige auf mich gesetzt. Ich bin ein Neuling im politischen Geschäft. Erst vor zwei Jahren bin ich in die CDU eingetreten und zudem so etwas wie das fromme Gesicht der Stadt Chemnitz. Nicht nur weil ich 2002 als unabhängiger Kandidat für die Partei Bibeltreuer Christen angetreten bin. Vor allem leitete ich bis dahin zusammen mit meiner Frau zwölf Jahre lang das Korps der städtischen Heilsarmee. Mich kannten die meisten weniger als Politiker, sondern mehr als jenen Pastor in Uniform, der regelmäßig an der Drehorgel in der Fußgängerzone stand. Einmal jährlich organisierte ich in Chemnitz sogenannte Zirkusgottesdienste, bei denen ich auch selbst predigte. Die Veranstaltung sorgte nicht nur für ein volles Zelt. Sie wurde auch vom Sachsenfernsehen übertragen und brachte mein Gesicht auf die Bildschirme der Stadt. Und eben dieser Pastor, dieser fromme Prediger, weit überdurchschnittlich christlich für diese Stadt mit gerade einmal knapp 16 Prozent Kirchenmitgliedern, trat nun als Direktkandidat für die CDU an.

15 Jahre zuvor war einem Unionsdirektkandidaten zuletzt der Wahlsieg in Chemnitz gelungen, seitdem hatte immer die SPD das Mandat geholt. Und auch bei den Zweitstimmen lag die CDU im Jahr 2005 hinter den Sozialdemokraten und der Linken. Nun sollte ausgerechnet ich zu besseren Zeiten verhelfen. Dabei waren wir im Grunde chancenlos.

Doch was niemand für möglich gehalten hätte, geschah: Ich gewann 2009 das Direktmandat deutlich mit über 34 Prozent der Stimmen. Ich schlug Michael Leutert von der Linken um sechs Prozent und den bisherigen Inhaber des Direktmandats, Detlef Müller von der SPD, sogar um 14. Und auch meiner Partei verhalf ich zum Sieg: Die CDU wurde stärkste Kraft in Chemnitz knapp vor der Linken.

Warum?

Ein wichtiger Grund mag darin liegen, dass ich nicht nur als Christ und CDUler in der Stadt bekannt war, sondern auch als einer, der soziale Probleme anpackte. Für die Heilsarmee sprach ich regelmäßig bei Chemnitzer Stadträten und Bürgermeistern oder engagierte mich in Stadtteilrunden. Politik gehörte schon da zu meinem Beruf. Ich setzte mich für die Anliegen meiner Leute ein: der Benachteiligten in Chemnitz. Und nicht selten wurde ich gehört. Auch der Bundestrend spielte mir 2009 in die Karten. Angela Merkel gewann in den letzten Wochen vor der Wahl an Zustimmung, anders als noch im Januar, als ich mich nominieren ließ. So geschah das, was viele Christen als Wunder bezeichnen mögen: Ein frommer CDUler errang in der ehemaligen Karl-Marx-Stadt das Mandat – und sogar mit ordentlichem Vorsprung.

Nachdem der Sieg feststand, sang die CDU Chemnitz noch am Wahlabend den christlichen Klassiker „Großer Gott wir loben dich". Der ganze Saal stimmte mit ein und sang wie aus einem Munde:

„Großer Gott, wir loben dich,
Herr, wir preisen deine Stärke.
Vor dir neigt die Erde sich
und bewundert deine Werke.
Wie du warst vor aller Zeit,
so bleibst du in Ewigkeit. "

Für mich ist das Lied ein ernst gemeintes Gebet und auch die Erinnerung daran, dass nicht ich die Wahl erwirkt habe, sondern dass die Wähler dafür verantwortlich waren und nicht zuletzt der, an den ich glaube, seines dazu getan hat.

Vier Wochen später sitze ich im Plenarsaal, blicke auf den Bundesadler und zähle die Federn seiner Flügel. Ich werde das oft tun in den kommenden Jahren. Es ist meine Art, mich zu konzentrieren, wenn das Drumherum mich zu überwältigen droht. Vorne spricht Alterspräsident Riesenhuber und ich bin sofort beeindruckt. Der 73-Jährige sitzt seit 1976 im Deutschen Bundestag. Ich spüre: Dieser Mann hat alles schon gesehen. Wenn es einen gibt, der mir helfen kann, mich hier zurechtzufinden, dann ist er es. Ich werde ihn später um ein Vier-Augen-Gespräch bitten, will ihn fragen, welche Tipps er für mich hat. Als ich schließlich tatsächlich in seinem Büro sitze, rät er mir:

„Vergessen Sie niemals die Leute in Ihrem Wahlkreis. Reisen Sie viel. Und suchen Sie sich ein oder zwei Themen, die Ihr Herz bewegen und arbeiten Sie daran."

Ich nehme ihn beim Wort. Mit dem Ausschuss für Menschenrechte reise ich schon bald in alle Herren Länder. Die Themen Afrika und der Kampf gegen Christenverfolgung und Menschenhandel werden zu meinen Steckenpferden. Und ich bleibe meinem Wahlkreis treu. Nur die Sitzungswochen verbringe ich künftig in Berlin. In zwölf Jahren werden es nur zehn Wochenenden sein. Wann immer der politische Betrieb es zulässt, reise ich zurück nach Chemnitz.

Doch das alles weiß ich freilich noch nicht an diesem 27. Oktober 2009. Was ich mir damals vorstellte? Heute klingt es selbst in meinen Ohren naiv, aber ich wollte als Abgeordneter die Ärmel hochkrempeln. Meiner Partei helfen, Deutschland gut zu regieren. Und als Christ? Nicht weniger, als die Welt zum Besseren verändern! Oder in meinen Worten: den Grundwasserspiegel der Gerechtigkeit zu heben helfen.

Ein Frommer in der großen Politik? Ich habe von Anfang an gemerkt, dass das nicht jeder goutiert. Noch am Abend der Wahl kam einer von vielen Gratulanten auf mich zu, schüttelte mir die Hand und sagte: „Frank, wir werden für dich beten. Für dich in diesem Haifischbecken." Ich kam erst später am Abend dazu, über diesen Satz nachzudenken, doch bis heute habe ich ihn nicht vergessen. Haifischbecken – damit meinte der christlich engagierte Freund ganz offensichtlich den Deutschen Bundestag. Bedeutete das im Rückschluss, dass alle Politiker im Bundestag Raubtiere sind? Und dass ich Gefahr lief, gefressen zu werden? In den folgenden Jahren sollte ich merken: Für viele Christen ist Politik anrüchig. Ich kenne diese Sicht. In meiner sehr fromm geprägten Kindheit hätte mir wohl niemand empfohlen, Politiker zu werden.

2. Das Kreuz mit der Politik

Die meisten Kinder wachsen mit Oma und Opa auf. Wenn sie viel Glück haben, sogar mit je zweien davon. Ich verbrachte meine Kindheit zwischen Dutzenden von Großmüttern und Großvätern, auch wenn es nicht meine eigenen waren. Es war wunderbar und zugleich schmerzhaft: Ich wurde buchstäblich in einem Altenheim groß.

Ich kam 1964 in Siegen auf die Welt. Mein Vater Hans floh als kleiner Junge während des Zweiten Weltkriegs aus Schlesien ins Siegerland. Er kam nur knapp mit dem Leben davon. Während der Flucht schlugen links und rechts neben ihm Bomben ein. Gemeinsam mit seiner Mutter fand er schließlich Unterschlupf beim CVJM in Siegen, einer evangelischen Jugendorganisation. Die Christen dort boten ihm nicht nur ein Zuhause, sondern erzählten ihm auch vom Glauben an Jesus Christus. Noch als Heranwachsender bekannte Hans sich selbst dazu.

Meine Mutter Ruth wuchs ebenfalls in der Region und in christlichen Kreisen auf. Dennoch trennten ihre und Hans' Lebenswelt Lichtjahre. Bis kurz vor ihrer Heirat gehörte Ruth einer sogenannten exklusiven Brüdergemeinde an. Exklusiv, weil sich die Christen damals und bis heute scharf von der Gesellschaft um sie herum abgrenzen. Sie nehmen die Bibel wörtlich. Frauen müssen in der Gemeinde schweigen. Es gibt eine klare Kleiderordnung: Frauen tragen klassischerweise Röcke, Männer Hosen. Die Frauen Zöpfe, die Männer kurzes Haar. Im Gottesdienst sitzen die Geschlechter strikt getrennt.

Meine Mutter erlebte die Repressionen dieser Gemeinschaft auch ganz persönlich. Als sie sich einmal im Gemeindegebet zu Wort meldete, stieß das den christlichen Geschwistern derart auf, dass sie zum Gespräch mit der Leitung gebeten und abgemahnt wurde. Später erlebte sie in ähnlichen Kreisen, wie mehrfach um Heilung für sie gebetet wurde. Denn meine Mutter wurde mit einer Gehbehinderung geboren. Das Handicap blieb und die frommen Leiter rechtfertigten das vor ihr: Entweder sei ihr Glaube zu schwach oder sie habe eine Sünde begangen, weswegen Gott nicht bereit sei, sie zu heilen.

So unterschiedlich die Lebenswelten meines Vaters und meiner Mutter auch waren, sie fanden doch zusammen: Auf einer Bibelfreizeit lernten sie sich kennen, schnell auch lieben und entschieden sich, wie es ihre christliche Prägung vorgab, rasch zur Hochzeit. Von ihren Herkunftsfamilien wurde die wiederum gar nicht gern gesehen. Denn einerseits legte die Brüdergemeinde meiner Mutter Wert darauf, dass sie in dieselben Kreise einheiratete. Andererseits standen die Christen des CVJM der Frömmigkeit der „Exklusiven" skeptisch gegenüber. Beide standen dennoch zu ihrer Entscheidung, egal, was ihr Umfeld darüber dachte.

Dem christlichen Glauben blieben beide trotz der Widerstände zeit ihres Lebens treu – lernten aber schon in diesen jungen Jahren, dass Christen zwar an denselben einen Gott glauben, sich dieser Glaube aber mitnichten immer gleich ausdrückt. Bis ins hohe Alter hinein beteten meine Eltern morgens und abends miteinander. Nach jedem Frühstück lasen sie gemeinsam Bibelverse. Dankten jeden Tag für das Erlebte, auch dann, wenn es schwierige Zeiten waren. Wichtige Entscheidungen besprachen sie ganz selbstverständlich mit Gott. Für mich sind sie in Glaubensfragen bis heute Vorbilder. Wir hatten als Kinder nie auch nur den geringsten Zweifel daran, dass sie uns liebten wie verrückt. Und ihren Gott ebenso.

Ich bin das erste von drei Kindern und der einzige Junge. Zwei Jahre nach meiner Geburt kam meine Schwester Bärbel auf die Welt, neun Jahre später Christel. Als ich drei Jahre alt und Bärbel noch ein Baby war, zog meine Familie von Siegen in ein Dorf nahe Baden-Baden um und mitten hinein in eine völlig neue Welt. Denn wenige Jahre zuvor waren meine Eltern einem christlichen Prediger begegnet, der eine lang gehegte Vision verwirklicht hatte: eine Gemeinschaft zu gründen, in der in die Jahre gekommene Gläubige gemeinsam und gut leben konnten – auch wenn sie über nur wenige Mittel verfügten. Dass gerade eher bibeltreue Christen im Alter verarmten, war keine Seltenheit. Viele spendeten im wahrsten Sinne ihren letzten Groschen und kümmerten sich nur wenig um ihre Rente. Schließlich lehrte die Bibel in ihren Augen, dass Jesus schon bald zurückkehren und Gottes Reich auf Erden errichten würde. In diesem neuen Reich, das war klar, gab es weder Arm noch Reich und erst recht kein Geld. Deshalb kündigten einige sogar ihre Altersvorsorge und spendeten das Geld.

So gestaltete der Prediger ein ehemaliges Pflegeheim zu einer Art christlicher Kommune für alte Menschen um. Ein Altenheim im besten Sinne eigentlich: Die Bewohner erhielten Pflege und Hilfe im Alltag. Zahlten nur einen geringen Preis für die Miete. Und wurden rund um die Uhr umsorgt. Das Ganze konnte freilich nur deshalb funktionieren, weil die Unternehmung spendenfinanziert war. Für diejenigen, die dort einzogen, bedeutete das auch: Es kam nur so viel auf den Tisch, wie das Budget zuließ. Das Haus Rehoboth, wie es schließlich genannt wurde, war deshalb auch auf willige Mitarbeiter angewiesen, die ebenfalls ins Haus einzogen und im Zweifel für wenig Geld mit anpackten. Ein Leben in christlicher Gemeinschaft – die Idee gefiel meinen Eltern und zupacken konnten sie beide. So wurde meine Mutter Hauswirtschafterin und mein Vater Hausmeister in einem christlichen privaten Altenheim. Wir Kinder – ganz klar – mussten mit.

Als Kind fühlte ich mich frei und eingeengt zugleich.

Da waren zum einen die weiten Felder und Weinberge gleich vor den Toren des Altenheims. Nachbarn gab es nur zwei, ansonsten bot das Gelände vor der Haustür allerhand Raum für Abenteuer: Ich kleiner Steppke tobte durchs Gras, erkletterte unter den ängstlichen Blicken der Senioren die Weide vor dem Haus, schwang mich an ihren Ranken wie Tarzan hin und her und setzte einmal sogar eines der Felder in der Nähe in Brand. Trotz des Donnerwetters meines Vaters bleibt die Erinnerung an eine Kindheit wie im Bilderbuch. Wäre da nicht auch das Innere des Hauses gewesen.

Unsere vier Wände fanden sich direkt neben dem Speisesaal der Einrichtung. Mitten im Geschehen also. Weder meiner Mutter noch meinem Vater wird wohl klar gewesen sein, dass sie mit ihrem Umzug auch das Ende ihrer Privatsphäre besiegeln würden. Denn die Türen im Haus standen meist offen. Das ging so weit, dass meine Mutter eines Nachts aus dem Schlaf hochfuhr, weil eine im Dunkeln nicht zu erkennende Person sich gerade neben sie ins Bett legen wollte. Ihr war sofort klar, dass das nicht ihr Hans sein konnte. Sie knipste das Licht an und blickte auf eine Bewohnerin namens Luise. Die war nicht nur altersblind, sondern hat sich auch noch in der Etage vertan. Ihr Zimmer lag ein Stockwerk höher. Nach dem ersten Schrecken geleitet Ruth sie nach oben.

Ein ähnlicher Vorfall war für uns Kinder weitaus erfreulicher. Nach einem abendlichen Streit zwischen uns und den Eltern, vermutlich um die Regeln des Zubettgehens, klopfte es leise an der Kinderzimmertür. Eine Bewohnerin namens Pauline öffnete sie einen Spaltbreit und trat vorsichtig ein. Sie hatte alles mitbekommen, denn die Wände im Haus waren dünn, und brachte mir und meiner Schwester zum Trost ein Stückchen Schokolade vorbei. Alle nannten die Frau Schwester Pauline, denn nach guter christlicher Tradition sind alle Christen Brüder und Schwestern. Ihr Betthupferl sollte von da an zu einer von uns Kindern geschätzten Tradition werden.

Jeden Sonntag saßen wir zwei, später drei Heinrich-Kinder ganz selbstverständlich mit im häuslichen Gottesdienst. Wir nahmen Platz zwischen anfangs 15 bis 20 und später sogar bis zu 50 mehr oder weniger grauhaarigen Bewohnern der Einrichtung. Einen Kindergottesdienst oder eine Jugendstunde gab es nicht. Denn wer hätte die schon besuchen sollen außer uns? Stattdessen verbrachten wir den Gottesdienst neben der schwerhörigen Schwester Ida oder Schwester Martha, die dafür berühmt war, bei frei gesprochenen Gebeten besonders weit auszuholen.

Später zog der Vater des weltbekannten Evangelisten Reinhard Bonnke in unser Heim. Sein berühmter Sohn kam ein- oder zweimal im Jahr zum Predigen zu uns. Reinhard Bonnke verstarb 2019. Zeit seines Lebens war er vor allem deshalb berühmt, weil er Missionsveranstaltungen in Afrika abhielt, bei denen sich Tausende dem Christentum zuwandten. Dies wurde ihm von vielen Christen hoch angerechnet. Doch Bonnke hatte auch Kritiker. Nicht nur sein offensiver Predigtstil stieß manchen auf, auch seine Art, das Christentum zu leben, war dem ein oder anderen suspekt. Denn Bonnke galt als Pfingstler. So nennt man Christen, die etwa das Zungengebet praktizieren, bei dem sie in einer Sprache beten, die ihnen nach eigenem Glauben der Heilige Geist eingegeben hat. Pfingstler praktizieren auch besonders intensiv Heilungsgebete, weil sie davon ausgehen, dass Gott heute ebenso wie im Neuen Testament in das tägliche Geschehen eingreifen möchte.

Diese charismatische Form der Frömmigkeit irritierte hier und da. Und damit auch das Leben im Haus Rehoboth selbst. Wir freikirchlichen Christen wurden von unserem überwiegend katholischen Umfeld skeptisch beobachtet. Der Pfarrer des Dorfs predigte von der Kanzel gegen uns. Und der Stadtrat hätte sich wohl schon früh für die Schließung eingesetzt, wenn sich nicht ein wohlmeinender Nachbar, der ebenfalls in der Politik engagiert war, für die Einrichtung verbürgt hätte. Das Misstrauen im Ort ging auch an uns Heinrich-Kindern nicht spurlos vorbei. Meine Schwester Bärbel wurde von Kindern aus ihrer Klasse nicht zum Spielen eingeladen. Denn die Eltern waren der Überzeugung, sie gehöre zu einer Sekte.

Nicht nur von außen erlebten wir Kinder Druck. Die religiösen Regeln im Altenheim waren streng: kein Fernsehen. Keine laute Musik, erst recht keine unchristliche. Tanzen war tabu. Rauchen sowieso. Und ein Christ hatte jeden Tag seine „Stille Zeit" zu halten, also zu beten und die Bibel zu lesen. Ich erinnere mich bis heute an meinen ersten Kinobesuch als fast schon Erwachsener. Und an das unheimliche Gefühl, das er bei mir verursachte: ein bohrend schlechtes Gewissen. Als beginge ich eine Straftat. Auf den Begriff „Stille Zeit" reagiere ich bis heute allergisch, auch wenn ich oft und gerne bete. Aber eben aus freien Stücken heraus und dann, wenn ich es für richtig halte.

Meinen Eltern muss klar gewesen sein, dass die engen Grenzen im Haus Rehoboth uns Kinder einschnürten. Sie selbst waren zwar weniger streng, mussten sich aber ebenfalls nach den Hausregeln richten. Immerhin trugen sie sie nicht aktiv an uns heran, das taten nur die Bewohner. Schwester Luise etwa hatte es immerzu auf Bärbel abgesehen und zu jedem Verfehlen meiner Schwester eine entsprechende biblische Ermahnung parat. Das missfiel der kleinen Bärbel irgendwann derart, dass sie der alten Frau wutentbrannt eine Spielzeugschaufel auf den Kopf schlug.

Meine Eltern versuchten, unseren Frust anderweitig zu kompensieren. Ich weiß heute: Sie ließen uns Freiräume, die andere in diesen jungen Jahren nicht hatten. Wir verbrachten etwa ganz allein viel Zeit bei zwei befreundeten Familien mit ebenfalls kleinen Kindern. Dort durften wir laut sein, uns an einem reich gedeckten Tisch bedienen und auch mal über die Stränge schlagen.

Hätten die Bewohner des Hauses Rehoboth geahnt, dass es mich einmal in die Berufspolitik verschlagen würde, hätten sie wohl noch mehr für mich gebetet als ohnehin schon. Denn mit Politik, und sei es nur privat, hatte kaum einer der Christen etwas zu schaffen. Sie galt als anrüchig. Zwar wurde im Altenheim auch für die Machthabenden gebetet. Dann aber vor allem dafür, dass der Beruf sie nicht verderben und die Welt sie nicht verführen möge. Als ich mit 19 Jahren zum ersten Mal wählen ging und mein Kreuzchen bei den Grünen setzte, habe ich das niemandem verraten. Mir war klar, dass meine Sympathie für eine linke Ökopartei im konservativen Umfeld alles andere als gut ankommen würde.

Mein Vater hatte derweil sein eigenes Kreuz mit der Politik zu tragen. Schon vor meiner Geburt hatte er in Siegen eine heftige Auseinandersetzung in einer Kneipe miterlebt. Zwei Christen waren wegen ihrer gegensätzlichen politischen Präferenzen – SPD und CDU – in Streit geraten. Zwischen Bier und Schnaps standen sie sich unversöhnlich gegenüber, bis mein Vater den Streit schließlich sogar schlichten musste.

An diesem Abend schwor er seinem Gott: Wenn Politik die Menschen derart entzweit, werde er niemals wählen gehen. Er hielt sich bis zu seinem Tod daran. Als er im Jahr 2007 erfuhr, dass ich in die Politik einsteigen wollte, war er wenig begeistert. Dennoch bat ich ihn, für mich zu beten und er tat es. Weil es ihm im Gebet immer wieder so vorkam, als sei mein Weg richtig, erkannte er ihn schließlich an. Doch meine Karriere erlebte er nicht mehr mit. Mein Vater starb wenige Monate vor der Bundestagswahl im Jahr 2009.

Ihn als unpolitisch zu bezeichnen, wäre trotz dieser Geschichten verfehlt. Denn der Kampf für die Christen hinter dem Eisernen Vorhang wurde wenige Jahre später zu seiner Herzenssache. Damit steckte er auch mich an – und prägte meine politische Laufbahn, ohne es zu wissen, maßgeblich.

[+++]

Mit sieben Jahren betrat ich das erste Mal rumänischen Boden. Meine Eltern hatten mich zum Campen mitgenommen. Doch es war ein ungewöhnlicher Urlaub. Abends waren Mutter und Vater oft stundenlang weg, mitgereiste Freunde passten auf uns Kinder auf. Zum Glück schlummerten wir nach den Abenteuern des Tages in Feldern und Wiesen meistens friedlich in unseren Zelten. Wir fragten uns nicht, warum die Eltern ausgerechnet ein Land hinter dem Eisernen Vorhang als Urlaubsziel wählten. Ein Land unter dem Diktator Nicolae Ceaușescu, das sich Sozialistische Republik nannte und in dem Gebetstreffen oder Kinderstunden verboten waren. Gottesdienste gab es, aber sie wurden vom Geheimdienst streng überwacht. Ein Land, in das keine Bibeln eingeführt werden durften. Zwar war es theoretisch jedem rumänischen Haushalt erlaubt, eine einzige Heilige Schrift zu besitzen. Doch erwerben konnte man das Buch kaum.

Warum Rumänien?

Natürlich war der Trip kein gewöhnlicher Urlaub. 1970 erlebten die Rumänen eine der schlimmsten Naturkatastrophen ihrer Zeit. Für den 14. Mai hatte der Wetterbericht „heftige Regenfälle" angekündigt, besonders den Norden sollte es treffen. Zusätzlich setzte in den Karpaten die Schneeschmelze ein. Die Flüsse traten über ihre Ufer und überschwemmten binnen einer Woche riesige Flächen des nordöstlichen und westlichen Rumäniens. Die Folgen waren dramatisch: 209 Menschen starben, über eine Viertelmillion wurden obdachlos, Äcker wurden überschwemmt und über 100.000 Nutztiere ertranken. Die Armut infolge dieser Katastrophe war überwältigend. Auch und besonders für meinen Vater, der die Ereignisse in den Nachrichten verfolgte und sich an seine eigene Kindheit erinnerte. Er wusste, wie sich ein leerer Magen anfühlte. Wie es ist, seine Heimat verlassen zu müssen und kein Dach mehr über dem Kopf zu haben. Und er war einer, der gerne half. So organisierte er einen ersten Hilfstransport nach Rumänien. Er lieferte vor allem Lebensmittel, merkte aber schnell: Die Menschen brauchten mehr. Hoffnung zum Beispiel.

Als meine Eltern viele Jahre später mit uns nach Rumänien reisten, war das natürlich kein Urlaubstrip. Doch niemand durfte erfahren, was sie eigentlich taten. An den Abenden, die sie nicht bei uns verbrachten, trafen sie christliche Gemeindeleiter. Sie bauten Kontakte auf, denn sie planten langfristig: Sie wollten regelmäßig Hilfsgüter, aber auch Bibeln durch den Eisernen Vorhang nach Rumänien schmuggeln.

Die Idee wurde Wirklichkeit. Hans und Ruth gründeten schließlich eine Organisation mit dem Namen „Bruderhilfe". Ab diesem Tag wurden Reisen nach Rumänien für mich Normalität. Jahr für Jahr fuhr unsere ganze Familie gemeinsam zu den christlichen Geschwistern jenseits der Grenze, meist nach Hermannstadt in Siebenbürgen. Dutzende Male war ich als Kind dort, so oft, dass ich mich noch heute an so gut wie jede Wegbiegung in der Stadt erinnern kann. Ich könnte dort als Taxifahrer arbeiten. Was wir Kinder damals nicht wussten: Mit unseren Reisen und Lieferungen brachten wir nicht nur uns, sondern vor allem unsere Gastgeber in große Gefahr. Denn der Geheimdienst war überall.

An einem Abend etwa saßen meine Eltern zusammen mit Rumänen und anderen deutschen Helfern in der Küche eines Privathauses zusammen. Sie hatten sich zum Beten getroffen, was an sich schon illegal war. Wer dabei sein wollte, musste sich hinten um das Haus herumschleichen und hoffen, dass ihn niemand sah. Mitten im Gebet stürzte ein Mann herein. Die Gruppe fuhr hoch, erkannte aber schnell, dass es sich um einen Freund handelte, der regelmäßig mitbetete. Dieser aber hatte wichtige Nachrichten:

„Zum Glück bin ich zu spät. Ich habe gesehen, wie draußen die Securitate patrouilliert."

Das war der Name des rumänischen Geheimdienstes. Das Treffen wurde sofort aufgelöst. Denn wer beim Beten in der Gruppe erwischt wurde, dem drohte Gefängnis, wenn es hart kam, sogar Folter.

Für eine Festnahme reichte aber auch schon das Beherbergen Fremder aus dem Westen aus. Das brachte uns nicht selten in Gefahr. Denn während geheimer Treffen schliefen wir Kinder oft ein Stockwerk höher oder in den Nachbarhäusern. Nachdem unsere Eltern einmal ihr Netz an Kontaktleuten aufgebaut hatten, übernachteten wir kaum noch in Hotels. Erstens war das zu teuer und zweitens diente es auch nicht der Kontaktvertiefung.

Eines Nachts schreckte meine Schwester Bärbel hoch. Sie lag in einem Bett im ersten Stock, vor ihrem Fenster stand ein Baum. Sie war sich sicher, etwas gehört zu haben. Vorsichtig spähte sie durch das Fenster, da sah sie das wackelige Licht einer Taschenlampe in den Ästen ganz nah. Schnell verkroch sie sich unter der Bettdecke, machte keinen Mucks und hielt ganz still. Langsam entfernten sich Schritte, sie hörte es deutlich auf dem Bürgersteig. Als es still geworden war, lugte sie unter der Decke hervor. Der Fremde war verschwunden.

Als sie die Geschichte am Morgen ihrer Gastfamilie erzählte, war die ebenso schockiert wie überzeugt: Das war ein Mitarbeiter des Geheimdienstes. Denn immer wieder schwärzten sogar die eigenen Nachbarn einander an.

Je älter ich wurde, desto mehr verstand ich, was der Geheimdienst den Christen in Rumänien antat. Einmal, ich muss im Teenageralter gewesen sein, traf ich gemeinsam mit meinem Vater einen Kontaktmann. Mein Vater wollte ihm zur Begrüßung mit der Hand auf die Schulter klopfen. Doch ein weiterer Rumäne hielt ihn zurück. Später erfuhren wir: Der Mann war zuvor vom Geheimdienst wegen des Verdachts auf Bibelschmuggel verhört und gefoltert worden. Dazu hatten die Agenten seinen Rücken mit einer Gummimatte belegt und mit einem Hammer auf ihn eingeschlagen. Der Effekt der grausamen Methode: Die Haut blieb unversehrt. Doch das Fleisch darunter war zerstört. Jede Berührung verursachte schreckliche Schmerzen.

Ein anderes Mal besuchten wir einen Pastor, der uns beim Schmuggeln half. Er lebte in einem typischen Plattenbau, war Leiter der sogenannten Evangeliumschristen, einer eher konservativen Gruppe. Bevor das Gespräch begann, drehte er laute Rockmusik an. Ich verstand die Welt nicht mehr: Christen und laute Musik? Das kannte ich nicht. Die Auflösung kam später und erschien mir, als sei sie einem James-Bond-Film entsprungen. Der Gemeindeleiter war sich bewusst darüber, dass in seiner Wohnung Wanzen versteckt waren. Ohne die Musik hätte er nicht frei sprechen können.

Und hätte er die Wanzen entfernt, hätte der Geheimdienst neue angebracht. Laute Rockmusik brachte die Lösung.

Gelegentlich gab es auch in den Reihen der Christen Spitzel. Einmal nach einem Gottesdienst nahm ein Gemeindemitglied mich zur Seite, zeigte auf einen Mann im Raum und flüsterte:

„Bruder Erhardt ist einer von denen."

Ich kannte diesen Mitchristen seit Langem und war tief betroffen. Die Gemeinde ließ ihn gewähren, als hätte sie nichts bemerkt. Denn hätten sie ihn enttarnt, wäre die Folge gewesen, dass die Securitate den nächsten Spitzel entsendet hätte, den dann aber vorerst niemand als solchen hätte identifizieren können. So blieb der Glaubensbruder-Spitzel in der Gemeinde. Und man achtete stets darauf, in seiner Gegenwart nichts Verdächtiges zu sagen.

Ich reiste mit meiner Familie und später auch als Vertreter meines Vaters nach Rumänien, bis ich mit Anfang 20 mein Studium begann. Kaum eine Zeit meines Lebens hat mich so geprägt wie die jenseits des Eisernen Vorhangs. Ich fand viele Freunde und verliebte mich sogar in ein Mädchen aus Rumänien. Und ich lernte, die Freiheit im Westen zu schätzen. Immer wenn ich die ungarisch–österreichische Grenze überquerte, war es, als könnte ich wieder freier atmen. Niemand mehr, der mich verfolgte. Niemand mehr, der lauschte. Und in der nächsten Raststätte gab es auf einmal wieder alles zu kaufen, was das Herz begehrte.

Es ist vor allem ein Wort, das mich seitdem nicht mehr loslässt: mulţumesc. „Danke" auf Rumänisch. Ich habe auf meinen Reisen nach Rumänien Menschen erlebt, die trotz aller Unterdrückung fröhlich beteten. Die dankbar waren für jedes Stück Brot und jeden Pullover, für alles, was sie hatten, und auch für das, was die Freunde aus dem Westen mitbrachten. Dankbarkeit ist seitdem meine Herzenshaltung. Ich habe sie mir zu eigen gemacht, weil ich sie bei meinen Eltern erlebt habe und Rumänien sie mich neu gelehrt hat. Und ich weiß: Wir können auch dann dankbar sein, wenn die Lebensumstände schwierig sind. Weil es immer etwas Gutes zu entdecken gibt.

Wenn man so will, dann hat Rumänien mich politisiert. Als Teenager habe ich zum ersten Mal für ein politisches Anliegen demonstriert – die Freilassung eines rumänischen Freundes aus dem Gefängnis. Dafür fuhr ich nach Köln, stellte mich vor die Rumänische Botschaft, rief, betete, protestierte gegen die Ungerechtigkeit 1.500 Kilometer entfernt.

Als ich mich in den ersten Tagen im Bundestag wie jeder Abgeordnete für die Mitarbeit in einem Fachausschuss entscheiden musste, hielt ich kurz inne. Heute weiß ich: Beliebt sind vor allem Ausschüsse, denen direkt wichtige Ministerien zugeordnet sind. Zum Beispiel Gesundheit, Haushalt oder Innenpolitik. Wer hier mitarbeitet, der kann davon profitieren und vielleicht irgendwann einmal eine wichtige Position ergattern. Ich entschied mich anders und machte mein Kreuzchen bei einem der weniger beliebten Gremien: Menschenrechte. Denn dieser Ausschuss hat als Entsprechung lediglich eine Unterabteilung im Auswärtigen Amt. Die Mitarbeit führt nicht zu Ruhm und Ehre, auch wenn sie viele Auslandsreisen ermöglicht. Doch ich hatte erlebt, was es heißt, wenn Menschenrechte mit Füßen getreten werden. Ich war dabei, als die Religionsfreiheit von Millionen unterdrückt wurde. Das Kreuzchen ist an dieser Stelle richtig, da war ich mir ganz sicher. Menschenrechte – dafür wollte ich kämpfen. Auch um der christlichen Geschwister in fernen Ländern willen.

3. Raumschiff Bundestag

Es ist der 26. November 2009. Die Grünen-Abgeordnete und Bundestagsvizepräsidentin Katrin Göring-Eckardt ruft meinen Namen auf. Sie sagt fälschlicherweise Heinrich Frank, verwechselt Vor- und Nachnamen. Ein verzeihlicher Fehler, denn es ist meine erste Rede im Deutschen Bundestag. Ich stehe auf, gehe wie ferngesteuert nach vorne. Ein letzter Blick auf die Federn des Bundesadlers, dann drehe ich ihm den Rücken zu und blicke ins Plenum. Vor mir sitzen altgediente Politikpromis wie Hubertus Heil von der SPD oder Gerda Hasselfeldt von der CSU. Ein letzter Schluck Wasser aus dem bereitgestellten Glas und dann spreche ich über das, was mir am wichtigsten ist: Menschen. Es geht um Rentenpolitik an diesem Mittag, das Altersteilzeitgesetz, um genau zu sein. Ich verhaspele mich in meiner 7-Minuten-Rede hier und da, ernte aber auch Zwischenapplaus. Meine Zuhörer ahnen nicht, dass ich bis tief in die Nacht an meiner Rede gefeilt habe. Schließlich bin ich mit dem Kopf auf der Tastatur eingeschlafen, die Alltagskleidung noch am Leib.

Am nächsten Morgen erwachte ich, schrecklich aufgeregt. Besonders nervös machte mich der Gedanke an die Kollegen der Opposition, denn während jeder Plenumsrede können alle Abgeordneten Fragen an den Sprecher richten. Nachfragen, die eigentlich Debattenbeiträge sind, durch ein Fragezeichen getarnt. Das Schlimmste daran: Wer nicht schlagfertig antworten kann, droht sich und seine Fraktion bloßzustellen.

Bei meiner Rede gibt es dann aber keine einzige Frage. Es ist ein ungeschriebenes Gesetz im Deutschen Bundestag, dass Erstredner von Nachfragen verschont bleiben. Jeder dort kennt den Druck des ersten Auftritts und nimmt Rücksicht. Eine noble Geste, nur hatte mich niemand über diese Regel in Kenntnis gesetzt. Statt der gefürchteten Nachfragen folgt Applaus. Göring-Eckardt gratuliert mir mit ungewöhnlichen Worten: „Für Ihre Arbeit hier wünsche ich Ihnen viel Erfolg und auch Gottes Segen." Die Bundestagsvizepräsidentin ist zwar selbst evangelische Christin, doch der Segenswunsch von hoher Stelle ist keinesfalls gang und gäbe. Einige Tage später verrät sie mir bei einem Treffen, einige Kollegen hätten sie im Nachhinein darauf angesprochen und seien verwundert gewesen. Doch sie wisse um meinen Glauben und habe mir deshalb auf diese Weise gratulieren wollen. „Sie gehören schließlich zu den üblichen Verdächtigen", sagt sie. Und meint damit die Christen im Bundestag.

Nicht nur deshalb bleibt mir dieser Tag in Erinnerung. Am Vormittag des 26. November geht es auch um den Einsatz deutscher Soldaten in Afghanistan. Am 25. Oktober ist der Abschlussbericht eines Untersuchungsausschusses veröffentlicht worden, der sich mit einem Luftangriff nahe der Stadt Kundus beschäftigt. Knapp zwei Monate zuvor waren dabei Zivilisten ums Leben gekommen. Der Streit um den Angriff auf jenen Tanklastzug wird den da bereits als Arbeitsminister vereidigten Franz-Josef Jung das Amt kosten. Denn er war Verteidigungsminister, als sich der Vorfall zutrug.

Die Stimmung am 26. November ist entsprechend angespannt. Das wird schon deutlich, als die am Morgen präsidierende Abgeordnete Gerda Hasselfeldt einen sogenannten Hammelsprung ankündigt. Das Instrument kommt dann im Deutschen Bundestag zum Tragen, wenn die Mehrheitsverhältnisse bei einer Abstimmung per Handzeichen unklar sind. Alle Abgeordneten müssen aufstehen, den Raum verlassen und durch drei Türen wieder eintreten, die mit „Ja", „Nein" oder „Enthaltung" gekennzeichnet sind. So wird dann erneut abgestimmt. Ich kannte diese Praxis nur vom Hörensagen. Als Hasselfeldt alle Politiker bittet hinauszugehen, zögere ich. Schaue mich um und erwarte, irgendwo die Feuerwehr zu sehen. Ich verstehe für einen kurzen Moment gar nichts mehr und denke, es handele sich um so etwas wie eine Brandschutzübung.

Auch wenn vieles in den ersten Wochen neu für mich war, eines war schnell sonnenklar: Ich hatte keine Ahnung, wie mir geschah. Diese Zeit erscheint mir im Rückblick wie eine Reise in einem Überschallflugzeug. Allerdings ein recht schlecht ausgestattetes. Denn in den ersten Tagen hatten wir noch nicht einmal ein Büro. Stattdessen arrangierte mein Team sich mit einem Tisch und vier Stühlen im Nebenraum eines anderen Abgeordneten. Unsere eigenen vier Wände im Deutschen Bundestag mussten erst noch eingerichtet und gestrichen werden.

Und nicht nur das: Ich musste mein Team in Windeseile zusammenstellen. Aber worauf legt man Wert bei der Besetzung eines Abgeordnetenbüros? Was müssen die Neuen mitbringen? Ich hatte keine Ahnung! Und entschied mich letztlich dafür, mich auf meine Intuition zu verlassen. Ich wollte nur mit Leuten zusammenarbeiten, die wie ich neu im Deutschen Bundestag waren. In anderen Büros ist es gang und gäbe, dass Mitarbeiter abgewählter Abgeordneter übernommen werden. Ich machte es anders. Keiner meiner Teamkollegen sollte auf Macht schielen, das war mir wichtig. Wenn ich eines nicht wollte, dann instrumentalisiert zu werden. Deshalb sollte mir auch niemand etwas voraushaben. Ich fand den Gedanken beruhigend, dass meine Mitarbeiter genau wie ich erst lernen müssten, wie die Dinge im Hohen Haus liefen. Und noch etwas war mir wichtig: Der weltanschauliche Hintergrund meiner Mitarbeiter sollte unterschiedlich sein, damit ich nicht Gefahr laufen würde, Politik aus einer frommen Blase heraus zu betreiben.

Als ich meine sechs Leute, drei für Berlin, drei für das Büro in Chemnitz, zusammengestellt hatte, nannte ich ihnen eine letzte Bedingung für die Anstellung:

„Ihr müsst mit mir in Urlaub fahren. Zu einer Klausur."

So verbrachten wir zu siebt vier Tage auf Mallorca und sprachen dort über unsere Träume und Zukunftsvorstellungen. Jeden Morgen hat einer von uns eine Andacht gehalten. Nicht in erster Linie, um die Mitarbeiter ohne christlichen Hintergrund zum Glauben zu bewegen. Sondern damit sie wussten, was mir wichtig war. Im Gegenzug wollte ich aber auch dasselbe von ihnen erfahren. Wo wollt ihr hin? Wofür schlägt euer Herz? Gespräche wie diese sollten die Mannschaft zusammenschweißen. Vertrauen vor Ambitionen. Ich denke, mein Plan ist aufgegangen. Wir kehrten als Team nach Deutschland zurück. Mit dabei war schon damals einer, der mich den Rest meiner Laufbahn bis heute begleiten sollte: Uwe Heimowski, der spätere Politikbeauftragte der Deutschen Evangelischen Allianz in Deutschland. Ein christlicher Bruder mit politischem Hintergrund und irgendwie auch der Bruder, den ich in meiner Familie nie hatte. Und ein Freund fürs Leben.

Die Verbindung zwischen mir und meinen Mitarbeitern ist – trotz einiger personeller Wechsel in zwölf Jahren – immer eng geblieben. Nachdem wir uns aneinander gewöhnt hatten, uns kannten, wunderte es niemanden mehr, wenn ich mit Gästen im Büro betete und das kam häufiger vor. Meine Mitarbeiter wussten genau, dass sie Themen mit mir im Gespräch entwickeln mussten, weil ich Sachverhalte nicht gut durch Lesen erfassen kann. Mein Zugang ist immer der Dialog. Das Büroteam war für mich mehr Familie als Kollegium. Und es war genau diese Nähe, dieses Vertrauen, das ich brauchte. Mehr als ich am Anfang ahnte. Denn der Tagesablauf in Berlins Regierungsviertel verlangte mir und auch den anderen Abgeordneten alles ab.

Etwas weniger als die Hälfte der Wochen im Jahr sind Sitzungswochen des Deutschen Bundestages. Dann reisen alle Abgeordneten aus ihren Wahlkreisen für Abstimmungen und Themensitzungen nach Berlin. Wenn ich montags ankam, stand die Landesgruppensitzung an, in meinem Fall ein Treffen der sächsischen Unions-Abgeordneten. Dienstags folgte der Austausch in den Arbeitsgruppen der Ausschüsse, bei mir waren das zunächst Menschenrechte, Soziales, Gesundheit und Europa. Für alle vier Bundestagsausschüsse hatte ich gleich zu Beginn Interesse bekundet. In den ersten beiden landete ich als ständiges Mitglied, in den beiden anderen als Stellvertreter. Noch am selben Tag folgte dann die Fraktionssitzung. Die Abgeordneten von CDU und CSU stimmten sich auf die anstehenden Debatten und Themen ein, trafen letzte Absprachen. Mittwochs bis freitags fanden die Debatten im Plenum statt. Hier stritten sich die Abgeordneten im Lichte der Öffentlichkeit. Finanzhilfen, Sterbehilfe, Entwicklungszusammenarbeit, Christenverfolgung, Schwarze Null, Impfpflicht – es war Woche für Woche eine wilde Reise quer durch die Themen der Bundespolitik. Und zumindest in meinen Bereichen musste ich mich gut auskennen. Zwischen all diesen Terminen traf ich mich mit Vertretern von NGOs, Gewerkschaften oder Firmen, mit Privatpersonen aus dem Wahlkreis oder Journalisten. Täglich legten die Mitarbeiter mir vorbereitete Mappen in Katalogdicke mit Informationen zu Fachthemen auf den Tisch. Für jeden Bereich, jedes

Gesetzesvorhaben, jede Initiative musste ich mich einlesen. Irgendwann zwischendurch. Oder eben das Gespräch mit meinen gut informierten Mitarbeitern suchen. Besonders wichtig war das, wenn ich selbst eine Rede im Bundestag halten sollte. Ich rechnete im Herbst 2009 damit, drei bis vier Reden in der ganzen Legislaturperiode halten zu müssen, so wie mein Vorgänger im Amt. Am Ende waren es 34, die ich tatsächlich hielt, und mehr als ein Dutzend, die ich zusätzlich zu Protokoll gab. Ein wahrer Marathon.

An einem gewöhnlichen Sitzungswochen-Tag verließ ich gegen 7 Uhr meine Bleibe in Berlin-Mitte. Gegen Mitternacht kehrte ich zurück. In meinen Berlin-Wochen habe ich oft nur etwa viereinhalb Stunden pro Nacht geschlafen. Oder sogar weniger. Ich habe den Kalender von damals aufbewahrt: Er zeigt Termin an Termin, durchgehend von morgens bis abends. Neben den alltäglichen Verpflichtungen wurde ich zu zwei bis drei Abendveranstaltungen geladen. Und zwar an jedem Wochentag, entweder als Gast oder gar als Redner. Ich blieb selten die volle Länge. 30 bis 45 Minuten waren die Regel, dann ging es weiter zum nächsten Termin. Zu meinem Glück gab und gibt es den Fahrdienst des Bundestages, eine Art Chauffeurservice, der jedem Abgeordneten dienstlich rund um die Uhr zur Verfügung steht. Die netten Herren in Schwarz warten im Zweifel auch mal vor der Tür, bis der Abgeordnete seine Rede gehalten hat und kutschieren ihn dann weiter zum nächsten Termin.

Trotz dieser Termindichte musste mein Büroteam täglich Dutzende Terminanfragen absagen. Selbst 18 bis 19 Stunden-Tage reichten nicht aus, um allen Wünschen gerecht zu werden. Hinzu kamen die Verpflichtungen im Bundestagsplenum. Abstimmungen zu wichtigen Fragen, manchmal bis tief in die Nacht. An Plenumstagen durfte ich mich nicht weiter als 15 Minuten Fahrt vom Reichstagsgebäude entfernen, damit ich zu möglichen spontan anberaumten namentlichen Abstimmungen rechtzeitig zurück sein konnte. Es war ein Leben im Hochpulsbereich. Tag für Tag.

Am 15. Dezember 2009 bezog ich mein Zimmer in Berlin. Im März habe ich die ersten Bilder an die Wände gehängt. Vorher hatte ich einfach keine Zeit dazu. Außer vielleicht nachts. Und da möchte kein Nachbar durch Bohrmaschinengeräusche gestört werden. Doch der Stress, die Überlastung, das Rennen von A nach B und die Themendichte haben mich damals nicht gestört. Bis zu meiner Abwahl zwölf Jahre später hat mich immer meine Motivation angetrieben. Und immer wieder der Gedanke: „Schau, wo du hier arbeitest. Was für ein Privileg." Deshalb war es mir auch egal, dass ich in den ersten Monaten in Berlin keine eigene Wohnung hatte. Ich kam provisorisch bei der Heilsarmee unter. In einem kargen Zimmer mit kleinem Tisch und Einzelbett überarbeitete ich meine Reden bis tief in die Nacht und holte mir zumindest ein wenig Schlaf. Ich fühlte mich wohl. Die Heilsarmee war mein Zuhause, schon seit meinen ersten Gehversuchen als Sozialarbeiter im Jugendclub „Die Insel" in Freiburg. Auch deshalb habe ich mir in Berlin als zweites Schwerpunktthema neben Menschenrechten den Sozialausschuss ausgewählt. Wenn man mich heute fragt, wie ich die ganzen Herausforderungen im Bundestag meistern konnte, dann sage ich meistens einen Satz:

„Gott und die Heilsarmee bereitet dich auf alles vor."

Und wenn man mich danach fragt, was es braucht, um Menschen zu helfen, dann fällt mir noch immer deren Motto ein: „Suppe, Seife, Seelenheil".

4. Suppe, Seife, Seelenheil

Vor mir stand eine Prostituierte. Man erkannte es nicht auf den ersten Blick, auch nicht auf den zweiten. Sie war Mitte 20, ordentlich gekleidet, weder tiefer Ausschnitt noch enge Hosen oder hohe Absätze verrieten, womit sie ihr Geld verdiente. Wie so oft stand sie an der Theke, eine Tasse Tee in der Hand und erzählte mir Geschichten aus ihrem Leben. Auch, dass sie abends in Freiburg Geld dazuverdiente, indem sie mit Männern schlief. Ich unterhielt mich gern mit ihr und das war gut so, es war mein Job. Die Theke, an der wir standen, war nicht Teil einer Kneipe, sondern gehörte zum Jugend- und Obdachlosencafé der Heilsarmee, einer Einrichtung namens „Die Insel". Hier in den ersten Stock eines Altbaus mitten im Zentrum der Stadt kamen auch jene, die alles verloren hatten: Geld, Wohnung, Familie und manche über all dem Elend auch ihren Verstand. Einige waren süchtig nach Alkohol oder Drogen. Viele schliefen zumindest in manchen Nächten auf der Straße. Wer vom Treppenhaus aus durch die unscheinbare Tür trat, fand rechts einen großen Saal vor, ein Raum für Gottesdienste. Eine Tür daneben aber lag das eigentliche Herz der „Insel": der besagte Tresen. Alkohol wurde hier nie ausgeschenkt, dafür gab es andere kalte und heiße Getränke und Snacks zum kleinen Preis. Wenn ich nicht am wenige Schritte entfernt stehenden Billardtisch spielte, dann fand man mich hier. Ich schenkte Getränke aus und hörte zu. Ich reichte der Frau vor mir einen weiteren dampfenden Becher. Ihre

Nacht würde noch lang sein. Sie schaute mir ins Gesicht und sagte:

„Das stimmt also echt? Du bist Sozialarbeiter?"

Ich nickte. Sie musste lachen.

„Das hätte ich ja nicht gedacht. Ich habe immer geglaubt, du bist hier der Barkeeper."

Da musste auch ich lächeln. Das war wohl ein Zeichen dafür, dass ich meinen Job gut machte. Wenn ein Gast nach Monaten voller Gespräche und leer getrunkener Teebecher nicht gemerkt hatte, dass ich dafür angestellt war, mich mit ihm zu unterhalten, hatte ich einiges richtig gemacht. Und das, obwohl ich fünf Jahre zuvor selbst nie im Leben auf die Idee gekommen wäre, dass ich einmal Sozialarbeiter sein könnte. Eher Informatiker oder vielleicht Maschinenbauer. Das Leben geht seltsame Wege, dachte ich noch, als ich den nächsten Tee ausschenkte und hinter mir die Billardkugeln klackerten.

[+++]

Nach dem Abitur verweigerte ich den Wehrdienst und machte Zivildienst. Nicht weil ich Pazifismus als biblisches Ideal begriff, sondern weil meine Eltern mir mitgegeben hatten, dass niemand leichtfertig eine Waffe in die Hand nehmen sollte. Im Hause Heinrich gab es nie Spielzeugpistolen oder Ähnliches. Deshalb konnte ich mir als Abiturient auch nicht vorstellen, mit einer echten Waffe zu schießen. Stattdessen arbeitete ich ein Jahr lang auf dem Bauernhof eines Jugendmissionssozialwerkes mit. Anschließend ging ich für zwei Semester an eine evangelikal geprägte Bibelschule in Alberta, Kanada. Von meinem Zimmer aus sah ich die Umrisse der Rocky Mountains, in den Vorlesungen saßen Christen aus der ganzen Welt und viele spätere Missionare. Auch wenn mir das Missionarsleben damals noch fern lag, wollte ich mehr über die Bibel lernen. Die fromme Blase war meine Welt, mein Gewächshaus, wie ich heute manchmal sage. Ich konnte mir nicht vorstellen, aus ihm auszusteigen oder gar nur durch seine Tür hinauszulinsen. Als ich ein Jahr später nach Deutschland zurückkehrte, machte ich ein Freiwilliges Soziales Jahr in ausgerechnet dem Altenheim, in dem ich groß geworden war. Denn tief in meinem Innern hatte ich Zweifel daran, ob es mir gelingen würde, mich abzugrenzen oder gar Fuß zu fassen außerhalb meiner gewohnten und sicher erscheinenden christlichen Umgebung. Ich hatte schlechte Erfahrungen mit der Welt da draußen gemacht. Da waren all die Vorurteile, mit denen wir Heinrich-Kinder in der Schule konfrontiert worden waren. So viel Ablehnung im Dorf wegen unseres Gemeindehintergrunds. Auf meiner Stirn stand: Sonderling. Zumindest hatte ich das Gefühl, dass es so sein musste. So entwickelte ich eine große Unsicherheit im Umgang mit der Welt jenseits meiner Gemeindetüren und blieb unter meinesgleichen.

Das änderte sich auch nicht, als ich während meines FSJ mit Anfang 20 meine spätere Frau Regina kennenlernte. Sie arbeitete im Altenheim in der Küche, zupfte eines Tages mit mir gemeinsam Johannisbeeren vom Strauch in eine Schüssel. Ich war sofort verliebt, sie zögerte. Nach einem halben Jahr Zusammenarbeit und einigen gemeinsamen Spaziergängen wurde es ernst: Wir trafen uns von da an regelmäßig auch außerhalb der Dienstzeit und wurden schließlich ein Paar. Zwei Jahre später heirateten wir und bekamen im Laufe der Jahre vier Kinder: Veronica, Janine, Irina und David.

Regina hat mein Leben verändert. Mehr als jeder andere Mensch.

Aber es gab auch andere, die meinen Lebensweg maßgeblich beeinflusst haben. Einen wichtigen Impuls bekam ich von einem befreundeten Seelsorger, den ich schon vor meiner

Reise nach Kanada kennengelernt hatte. Mit ihm besprach ich auch nach meiner Rückkehr Probleme und die weiteren Schritte meines Lebens. Eines Tages saßen wir zusammen und er fragte mich wie aus dem Nichts:

„Frank, hast du eigentlich mal überlegt, Soziale Arbeit zu studieren?"

Ich war maximal irritiert. Der Vorschlag erschien mir absurd, schließlich war ich doch überzeugt davon, mit Menschen nichts anfangen zu können, erst recht, wenn sie nicht aus meiner frommen Welt kamen oder gar Probleme hatten. Welcher Bedürftige würde schon mit mir reden wollen? Wer außerhalb meiner christlichen Welt würde mit mir zurechtkommen? Und zurechtkommen wollen? Ich plante stattdessen, etwas mit Zahlen zu studieren. Informatik, Elektrotechnik oder vielleicht Maschinenbau. Ich sah mich schon allein hinter meinem Computer sitzen. Dann fiel plötzlich das Wort „Soziale Arbeit". Ich wusste nicht einmal, was das genau war. Und doch ließ mich die eigenartige Frage meines Vertrauten fortan nicht mehr los. Sie war wie ein beständiges Fiepen in meinem Ohr. Ein Störgeräusch, das meine wohlüberlegten Pläne über den Haufen zu werfen drohte. Ich begann, die Frage ernst zu nehmen. Bewegte sie hin und her. Meine Ablehnung blieb, dennoch hatte ich irgendwann das Gefühl, Gott wollte mir vielleicht etwas zeigen. Schließlich nannte ich ihm in einem meiner vielen Gebete eine Bedingung:

„Ich werde mich bewerben. An genau einer Hochschule. Und wenn es klappen soll, dann wird es das auch. Mach, dass ich richtig heiß auf Soziale Arbeit werde. Wenn nicht, widme ich mich den Zahlen."

Ich bewarb mich in Freiburg für das Studium der Sozialen Arbeit. Und es kam, wie es kommen musste: Ich wurde angenommen. Mit einem flauen Gefühl und keineswegs aus Interesse an dem Fach selbst, sondern einzig und allein aus protestantischem Pflichtgefühl heraus nahm ich den Platz an. Ich fühlte mich, als hätte Gott mir wie manchen Personen in der Bibel eine Last auferlegt, die ich tragen sollte. Damit sich mein Glaube bewähren könnte oder so etwas. Und ich wartete unterschwellig darauf, dass er sagte:

„Ich habe deinen Gehorsam gesehen, geh nach Karlsruhe und studiere Informatik!"

Doch das geschah nicht. In der Anfangszeit war mir das Studium eine Last.

Als ich gemeinsam mit Regina schließlich meine Sachen packte und wir ins etwa 100 Kilometer vom Altenheim entfernte Freiburg zogen, wo ich mein Studium antreten würde, hatte ich noch keine Ahnung, wie nachhaltig sich meine anfängliche Skepsis nach etwa drei Semestern in pure Freude verwandeln sollte.

Im dritten Semester betrat ich zum ersten Mal das Jugend- und Obdachlosencafé „Die Insel". Es war mein erster Einsatz als „echter" Sozialarbeiter, auch wenn ich mich noch nicht offiziell so nennen durfte. Ich kam zunächst einmal pro Woche, immer am Dienstagabend. Die Arbeit war Teil eines vom Studienplan vorgegebenen Pflichtpraktikums. Dass der Betreiber, nämlich die Heilsarmee, einen christlichen Hintergrund hatte, kam mir nur entgegen. Bevor sich abends die Türen der „Insel" öffneten, beteten die Mitarbeiter gemeinsam. Sonntags waren sie alle, ebenso wie die Gäste, zum Gottesdienst eingeladen. In der „Insel" war jeder willkommen. Und es kam auch wirklich jeder. Von der Prostituierten über ehemalige Straftäter bis hin zu Obdachlosen oder ganz normalen Jugendlichen, die einfach mal zu Hause rauswollten. Unsere Gäste waren wunder- und sonderbar. Liebevoll und angsteinflößend. Hilfsbedürftig und selbstständig. Ein wirklich bunter Haufen.

Regelmäßig kam ein Typ mit dem Namen Hirlimann. Vielleicht war es sein Nachname, ich erinnere mich nicht mehr, woher die Ansprache kam. Niemand mochte ihn so richtig. Er war aufdringlich, irgendwie verschroben, redete oft scheinbar zusammenhangloses Zeug und war rücksichtslos gegenüber anderen Gästen. Trotzdem setzte ich mich zu ihm an den Tresen. Ich ertrug sein seltsames Gerede und setzte all das, was er mir erzählte, wie ein Puzzle zusammen. Irgendwann verstand ich seine schreckliche Geschichte. Er war als Kind und Jugendlicher von einer Pflegefamilie in die nächste geschoben worden. Seine richtigen Eltern kannte er nicht. Als Jugendlicher kam er zu einer Bauernfamilie. Er musste hart mit anpacken, das Leben auf einem Hof war beileibe nicht jedermanns Sache. Doch das war nicht das Schlimmste. Sein Pflegevater war ein Choleriker. Er schrie und schimpfte und wurde immer wieder handgreiflich. Einmal trat er ihn so fest mit seinen großen dreckigen und harten Stiefeln, dass Hirlimann im Krankenhaus landete. Er musste operiert werden. Bis heute trägt er die Folgen seiner Verletzungen. Seelisch wie körperlich. Von ihm habe ich gelernt, dass Menschen manchmal nervig und seltsam erscheinen. Aber dass ihre Eigenheiten meistens auf irgendeinem Nährboden gewachsen sind, an dem sie selbst oft völlig unschuldig sind. Wir alle tragen unsere Lasten. Manche schwerer und manche weniger schwer. Aber wir tragen sie und ich will niemanden deshalb aburteilen, weil ihn die Last seines Lebens hat eigenartig werden lassen.

Einmal besuchte ein Mann die „Insel". Er war todtraurig, saß weinend an meiner Bar. Ich kann von jeher schlecht damit umgehen, wenn Männer vor mir in Tränen ausbrechen. Aber ich riss mich zusammen und fragte ihn, was los sei. Er sagte, er wolle nicht mehr leben. Denn mitten in Freiburg, nur wenige Meter von unserer Einrichtung entfernt, war ihm das Grauen in Person begegnet. In der Nacht zuvor hatten ihn im Dunkeln mehrere Männer verfolgt. Sie hatten ihn zuerst angepöbelt, dann festgehalten. Und vergewaltigt. Ich war sprachlos. Angesichts dieses Leids fiel mir kein schlauer Spruch und erst recht kein Bibelvers mehr ein, der ihm hätte helfen können. Ich setzte mich zu ihm und gemeinsam schwiegen wir. Er weinte. Und ich hielt mit ihm zusammen sein Leid aus. Auch dieser Abend war eine Lektion für mich: Es gibt keine einfachen Antworten, nicht immer Lösungen für Probleme. Aber wir können zusammenstehen und unser Leid miteinander zu tragen versuchen. Ich habe diesen Mann einige Wochen später wieder in der „Insel" getroffen und weiß deshalb, dass er seine ursprünglichen Suizid-Pläne am Ende nicht in die Tat umgesetzt hat.

Und dann gab es den „Captain". Er betrat das Café oft, indem er so tat, als halte er ein Gewehr in der Hand. Er drückte sich an der Wand entlang, zielte mit seinen Händen auf uns und ahmte die Geräusche der Schüsse nach. Dann sagte er: „Coffee, please!" Ich glaube, Captain war mal bei der Fremdenlegion gewesen. Es war vielleicht seine Art, mit dem Erlebten umzugehen. Er gehörte zu denen ohne feste Bleibe. Und auch er war oft ungewaschen und verströmte schon von Weitem einen deutlichen Geruch. Ich nahm ihn trotzdem immer wieder in den Arm. Einmal sagte einer an der Bar zu mir, das sei es nicht wert. Er sei ohnehin verrückt. Ich hingegen schwor mir, Menschen niemals aufzugeben. Weil sie immer wertvoll sind, egal wie viel Dreck sie mit sich herumschleppen. Im buchstäblichen wie auch im übertragenen Sinne.

In der „Insel" mussten wir Mitarbeiter immer auf alles gefasst sein. Denn es gab zum einen die seltsamen, aber ungefährlichen Besucher. Aber es gab auch die potenziell gewalttätigen. Eines Abends stürmte ein Mann mit einer abgebrochenen Flasche in der Hand in das Café. Er suchte seine

Freundin, die sich tatsächlich gerade bei uns aufhielt. Als er sie sah, rastete er aus, schrie sie an, drohte mit der selbstgebauten Waffe und fuchtelte wie wild damit in der Luft herum. Die Frau verkroch sich in eine Ecke, weinte und hielt die Hände abwehrend vor sich. Als ich die Lage erfasst hatte, sprang ich augenblicklich zwischen die beiden. Ich stand also zwischen ihnen, sie weinte, er brüllte und ich hoffte, dass sich die Wut des Mannes nicht auch noch gegen mich richten würde. Ich sah mich schon mit einer Stichwunde im Bauch ins Krankenhaus fahren. Da ließ der Wütende plötzlich von uns ab. In dem Moment, als er seine Flasche senkte, kam ein weiterer Mitarbeiter von hinten, hielt ihn am Arm fest und bat ihn, das Café zu verlassen. Was er tatsächlich tat. Er bekam Hausverbot und den Rest des Abends hielt einer von uns an der Tür Wache, damit er nicht nochmal einfach so hereinstürmen konnte. Was der Grund dieses Beziehungsstreits war, habe ich nie erfahren.

Und da war Mitch. Seine Geschichte ist vielleicht die traurigste, die ich je in der „Insel" gehört habe. Mitch gehörte zu unseren sehr regelmäßigen Gästen. Und er war offensichtlich am christlichen Glauben interessiert, was uns zusätzlich freute. Er besuchte uns nicht nur, um Tee und Sandwiches zu bekommen, sondern er ging auch zu den abendlichen Bibelstunden. Er war kein typischer Café-Gast, also nicht obdachlos oder alkoholabhängig, dafür aber beständig verpeilt. Im Umgang allerdings immer angenehm. Doch nicht immer sind die Dinge wie sie scheinen: Eines Tages war eine unserer früheren Mitarbeiterinnen, die Mitch ebenfalls gut kannte, zu Hause. Ihr Partner saß auf der Couch im Wohnzimmer. Da klingelte es an ihrer Tür. Sie ging zur Tür, drückte die Klinke herunter, um zu öffnen. Das war das Letzte, was sie tat. Denn in dem Moment, als sie die Wohnungstür öffnete, explodierte direkt davor eine selbstgebaute Bombe. Er hörte nur einen

Knall und sah plötzlich Blut und Fleischfetzen fliegen. Seine Partnerin war sofort tot.

Man vermutete zunächst einen faschistischen Anschlag, weil sie sich immer wieder vehement und offen gegen Rechts eingesetzt hatte. Als Reaktion auf die Tat in Freiburg gab es Kerzenmärsche. Doch nach wochenlanger Auswertung der Indizien stellte sich heraus: Mitch hatte die Bombe gelegt. Ich erklärte gegenüber der Polizei, dass Mitch im Café oft über seine Vorliebe für Schaltkreise und Technik gesprochen hatte. Der Gedanke, dass er die Bombe gebaut haben könnte, lag schnell nahe. Und der Verdacht erhärtete sich. Doch mit rechter Überzeugung hatte das rein gar nichts zu tun. Es ergab sich folgendes Bild: Mitch war heimlich in diese Mitarbeiterin verliebt gewesen und konnte es nicht aushalten, dass sie ihn zurückwies. Er tötete sie aus Eifersucht. Als die Polizei das aufgedeckt hatte, musste er für viele Jahre in Sicherheitsverwahrung. Vielleicht ist er noch heute dort.

Meine Zeit bei der „Insel" sollte noch viele Jahre andauern. Am Ende meines Studiums rekrutierte mich mein Vorgesetzter zunächst als hauptamtlicher Mitarbeiter, kurze Zeit später leitete ich die Arbeit sogar. Erst sechs Jahre später würden meine Frau und ich weiterziehen: zur Offiziersschule der Heilsarmee und schließlich nach Chemnitz. In der Zwischenzeit hatten wir uns ganz dem Dienst bei der Heilsarmee in Freiburg verschrieben. Nicht nur ich als Angestellter, sondern die ganze Familie. Regina arbeitete im Café mit, übernahm gelegentlich einige meiner Stunden, damit ich für die Kinder da sein und mich auf mein Studium konzentrieren konnte. Wir entschieden uns, nach ein paar Jahren in Freiburg eine WG im Münstertal zu gründen. Zusammen mit unseren Kindern zogen wir in ein zweigeschossiges Haus. Unten war der Familienbereich und oben fanden sich vier weitere Zimmer für wechselnde Bewohner. Für Leute wie Rolf von der Straße zum Beispiel. Wir wussten, dass er obdachlos war, bevor er bei uns einzog. Aber es störte uns nicht. Für die Kinder war er wie ein lieber Onkel oder Opa. Und für uns war er ein Freund. Die Zimmer wurden auch immer wieder von Christen bewohnt, die sich nach einem Leben in Gemeinschaft sehnten. Wenn ich so darüber nachdenke, war die WG vielleicht auch ein Teil meines Erbes aus der Altenheim-Zeit. Nur dass die Bewohner weder alt noch durchgehend fromm waren. Ein bunt gemischter Haufen.

Hin und wieder nahm ich unsere Kinder auch mit zu meinem Dienst in der „Insel". Es muss schon für manche irritierend gewesen sein, wie ich da mit meiner Jüngsten auf dem Arm bis spät abends hinter dem Tresen stand. Aber erstens war die damals nicht mal einjährige Veronica ohnehin eine schlechte Schläferin. Und zweitens war sie der wunderbarste Eisbrecher, den man sich vorstellen konnte. Babys machen etwas mit Menschen. Und mit ihr auf dem Arm war es nie ein Problem, Kontakt zu den Gästen aufzubauen. Ich sehe heute noch, wie meine Tochter mit Obdachlosen und ehemaligen Straftätern auf dem Boden saß und sie vollbrabbelte. Kindern ist es egal, woher jemand kommt und was er getan hat. Solange derjenige nett zu ihnen ist. Wir sollten uns daran ein Beispiel nehmen.

Später verbrachten wir als Familie jedes Weihnachten mit der Heilsarmee. Wir schmückten die Tische, stellten Essen hin, unterhielten uns mit all denen, die nicht die Familie besuchen konnten oder wollten und deshalb zu uns kamen. Das waren an normalen Heiligabenden so um die 200 Leute. Einmal kam einer unserer Gäste an einem solchen Abend zu mir und sagte: „Frank, ich kenne hier fast jeden. Und ich sage dir eines: Tausend Knastjahre kommen hier locker zusammen." Ich rechnete kurz und war verblüfft. Wenn das stimmte, dann hatten hier einige ziemlich viel Dreck am Stecken. Noch verblüffender aber war für mich, dass es mir gar nichts ausmachte. Ich glaube, unsere Kinder haben sich auch nie an unseren etwas anderen Weihnachtsabenden gestört. Später sollten wir in Chemnitz eine ähnliche Arbeit machen und entwickelten eine Tradition: eine Runde Billard in der Heiligen Nacht. Das musste sein.

In den Jahren bei der „Insel" starben 16 unserer regelmäßigen Gäste. Die meisten waren zwischen 25 und 35 Jahren alt. Sie nahmen sich das Leben, starben an einer Überdosis. soffen sich ins Grab oder erfroren unter Brücken. Ich trauere bis heute um jeden Einzelnen. Wie ich das Leid ausgehalten habe? Ich glaube, ich trainierte schon damals etwas, das mir im Bundestag noch sehr nützlich sein sollte: das Loslassen. Ich hatte Abend für Abend einen etwa 40-minütigen Nachhauseweg. Im Auto und auch bei dem Spaziergang, der mich von meiner Wohnung und meiner Familie trennte, betete ich. Ich gab die Sorgen des Abends ab. Ich ließ los. Anders hätte ich das Elend wahrscheinlich keine drei Tage ausgehalten.

Das mag alles hart klingen, aber so war es eben. Dennoch wird es mir warm ums Herz, wenn ich an die „Insel" denke. Denn zwischen all diesen Originalen, den Gewalttätern und Harmlosen, den Obdachlosen, den Prostituierten und den einsamen Jugendlichen merkte ich auf einmal, wer ich selbst war. Zum einen immer noch der Frank, dem sein Glaube wichtig war. Und der ihn so demonstrativ zeigte, dass er als Jugendlicher mit einem Mofa durch die Gegend fuhr, auf dessen Tank die Sätze „Jesus liebt dich" und „Jesus lebt" klebten. Doch da war auch der Frank, der aus der frommen Blase ausbrach, weil er zum Beispiel wahnsinnig neugierig war und Menschen liebte, egal wie seltsam sie waren.

Ich war derart motiviert, dass ich meinen Dienst immer wieder mit einem berüchtigten Sprung über den Tresen begann. Noch heute lachen die Mitarbeiter von damals vermutlich darüber, wenn sie sich daran erinnern, wie eines Tages jemand einen vollen Putzeimer auf die andere Seite der Bar gestellt hatte und ich voller Schwung mittendrin landete. Die Zeit in der „Insel" war eine gute. Trotz aller Rückschläge. Denn dort löste sich für mich das, was ich als eine Art Fluch meiner Kindheit vermutet hatte, in Luft auf: Ich hatte kein Problem mit Menschen, auch nicht, wenn sie nicht aus meiner frommen Blase kamen. Und noch wichtiger: Sie hatten auch kein Problem mit mir!

Mein Blick auf die Gesellschaft veränderte sich grundlegend. Ich wandelte mich vom Urteilenden zum Liebenden. Wer weiß, wenn ich später nicht Politiker geworden wäre, hätte ich vielleicht eine Bar eröffnet, um als Kneipier zu arbeiten. Hauptsache Menschen! Und davon möglichst viele und unterschiedliche. Doch auch für die Politik habe ich aus diesen Jahren einiges mitgenommen: Ich glaube, unser Land ist unfassbar vielfältig. Und Vielfalt ist eine Stärke. Jeder von uns hat seine Geschichte. Ist ein Hartz-IV-Empfänger weniger wert als einer, der seit 30 Jahren hart arbeitet? Nein. Er hat nur eine andere Geschichte. So wie ich meine Geschichte habe.

5. Jesus im Regierungsviertel

Ich blicke auf eine Wolke aus Nägeln. Hunderte von ihnen, auf weißem Untergrund, kreisförmig angeordnet. Sie wirken wie ein Vogelschwarm, der sich bereit macht, gen Süden zu ziehen. Nur wenige Zentimeter daneben: wieder eine Ansammlung von Nägeln, doch hier wird sofort klar, wofür sie stehen. Die spitzen Werkutensilien sind kreuzförmig sortiert. Ein Mahnmal für das Leiden Christi, die Form leicht verzerrt, so wie das Leid das Leben verzerrt.

Ich arbeite seit wenigen Wochen als ordentlicher Abgeordneter im Deutschen Bundestag. Es ist nicht das erste Mal, dass ich inmitten des ehrwürdigen Hauses auf diese Ansammlung von Nägeln blicke. Und doch bewegen sie mein Herz jedes Mal neu. Gemeinsam mit Abgeordneten und Mitarbeitern aus anderen Fraktionen komme ich donnerstagmorgens oft hierher in den Andachtsraum des Deutschen Bundestages mit seinem zentralen Kunstwerk von Günther Uecker. Ich nehme auf einem der hölzernen Stühle mit hoher, schnörkelloser Lehne Platz. Sie kommen ohne Polsterung aus und sind so irgendwie auch ein Gegenentwurf zu den blauen bequemen Sesseln im Plenarsaal des Reichstagsgebäudes. Ich werde still, bevor das Chaos des politik-gefüllten Tages über mich hereinbricht. Ich bete. Und lausche der Andacht, die Woche für Woche abwechselnd von Abgeordneten, Mitarbeitern des Bundestages oder den Politikverantwortlichen der Kirchen hier gehalten wird. Der Andachtsraum ist ökumenisch und interreligiös, daran erinnern nicht nur die ab-

54

wechselnd katholisch und evangelisch gehaltenen Kurzpre-
digten. Sondern auch eine Kante auf dem Fußboden, die die
Richtung anzeigt, in der Mekka liegt. Muslime können sich
im Nebenraum Gebetsteppiche ausleihen. Doch für mich
steht hier das Kreuz im Mittelpunkt. Die Nägel. Jesus.

Bevor ich meinen Dienst in der Hauptstadt antrat, habe
ich mit vielem gerechnet, mir das Leben in der Bundespolitik bunt ausgemalt. In erster Linie sah ich harte politische
Auseinandersetzungen auf mich zukommen. Ich habe sicher
auch mit dem ein oder anderen Ellenbogenkampf unter Kollegen gerechnet. Ebenso wie mit neuen Freundschaften. Dass
der Deutsche Bundestag aber auch eine Sphäre des Glaubens
bieten würde, das hatte ich nicht erwartet. Sicher: Die ein
oder andere Andacht innerhalb der Unionsfraktion würde
es vielleicht geben, dachte ich. Schließlich führt meine Partei
den Bezug zum Christlichen bereits im Namen. Aber einen
aufrichtigen überkonfessionellen regelmäßigen Gottesdienst
im Andachtsraum des Bundestages, also mitten im Berliner
Trubel – das habe ich nicht kommen sehen. Doch das war
bei Weitem nicht meine einzige religiöse Entdeckung in den
ersten Tagen und Wochen in Berlin.

Schon die Einsetzung des neuen Bundestages, mein erster
Arbeitstag, begann mit einem Gottesdienst. Noch bevor sich
die 622 im Jahr 2009 gewählten Abgeordneten an ihren ei-
gentlichen Arbeitsplatz begaben, kamen diejenigen, die wollten, zu einer groß angelegten Veranstaltung in der St.-Hed-
wigs-Kathedrale zusammen. Die damalige Kanzlerin Angela
Merkel, ihr Herausforderer Frank-Walter Steinmeier von der
SPD, aber auch die künftige Arbeitsministerin Ursula von der
Leyen oder Bundestagspräsident Norbert Lammert drängten
gemeinsam mit Hunderten in Berlins wichtigste katholische
Kirche unweit des Berliner Doms zwischen Alexanderplatz
und Brandenburger Tor. Sie alle einte: Den ersten Tag der

neuen Legislaturperiode wollten sie mit einem Gottesdienst beginnen. Gehalten dieses Mal vom damaligen Prälaten der Evangelischen Kirche, Bernhard Felmberg. Grundlage für die Predigt war an diesem Morgen ein Text aus dem Lukasevangelium:

„So wird von jedem, der viel bekommen hat, auch viel erwartet; und wem viel anvertraut wurde, von dem verlangt man umso mehr." (Lukas 12,48; Hoffnung für Alle)

Es ist ein Wort der Mahnung, auch und besonders für Politiker. Als Verwalter und Gestalter seien sie vom Volk gewählt, in letzter Konsequenz aber Gott gegenüber verantwortlich und gefordert, im Sinne des Gemeinwohls zu handeln, predigte Felmberg. Es folgten Lieder, Fürbitten, ein Vaterunser, bevor es für Lammert, Merkel, von der Leyen, Steinmeier und auch mich ans Werk ging: Politik machen. Bestenfalls in Gottes Sinne, denn dazu waren wir gerade aufgefordert worden.

Ich war begeistert: sichtbares Christentum im Politikbetrieb! Der Glaube, so erkannte ich an diesem Morgen, knüpft ein unsichtbares Band zwischen politischen Gegnern. Die Gewissheit: Es gibt noch etwas Höheres als Konkurrenz und politische Ziele. Der ökumenische Gottesdienst läutet am Beginn jeder Legislatur den parlamentarischen Betrieb ein. Und beendet so auch die Zeit des Wahlkampfs.

Wenige Tage später erhielt ich die erste Einladung für das sogenannte Parlamentarische Gebetsfrühstück. Um 7.45 Uhr an einem Freitag, es wird in den ersten Wochen meiner Amtszeit gewesen sein, kam ich erstmals mit ein bis zwei Dutzend Abgeordneten verschiedener Fraktionen und Konfessionen zum Frühstück zusammen. Ich war künftig oft Teil dieser Treffen, die immer gleich abliefen: Wir unterhielten uns, bis ein Kollege für einen Input oder eine Meditation übernahm. Nach etwa zehn Minuten folgte ein offenes Gespräch, in dem auch Gebetsanliegen formuliert wurden. Von „Wir müssen über Afghanistan abstimmen, mein Herz ist schwer" bis „Meine Frau ist an Krebs erkrankt." Nichts war tabu im Gebetskreis, aber es galt auch: Nichts dringt nach außen. Das Gebetsfrühstück endete klassisch mit einem Vaterunser.

Einmal im Jahr beantragen die Organisatoren dieser Gebetsfrühstücke aus dem Bundestag und Aktive aus deren engem Umfeld eine Fahrt nach Washington. Denn der Kreis hat ein internationales Vorbild: das National Prayer Breakfast, zu dem traditionell auch der US-Präsident kommt. Als ich zum ersten Mal von dieser Fahrt hörte, habe ich mich direkt beworben. Und wurde tatsächlich auf Anhieb eingeladen.

Anfang Februar 2010, nicht mal ein halbes Jahr nach meiner Wahl, biss ich also im selben Raum wie der damals amtierende US-Präsident Barack Obama in mein Brötchen. Bis heute erzähle ich begeistert und mit einem Augenzwinkern, dass ich mit ihm zusammen gefrühstückt habe, auch wenn natürlich Dutzende Meter zwischen seinem und meinem Tisch lagen. Was mir aber nachhaltig in Erinnerung geblieben ist: Ich hörte ihn live sagen, dass er häufig bete und sich als Kind Gottes sehe. Und fühlte mich ihm sogleich verbunden.

Doch der Ausflug hatte für mich noch eine weitere Überraschung parat: Noch am selben Abend zog ein Schneesturm in Washington auf. Wir konnten deshalb nicht wie geplant am nächsten Tag zurückfliegen. Mich störte das wenig. Ich vertrieb mir die Wartezeit, indem ich bei einem Spaziergang die Skifahrer auf den Straßen der amerikanischen Hauptstadt beobachtete. Oder damit, in Ruhe auf der Fensterbank in meinem Hotelzimmer zu sitzen und Ziele für die kommenden Jahre aufzuschreiben. Es kam mir vor, als hätte Gott mir diese unerwartete Zeit der Ruhe geschenkt. Eine kleine Pause nach den aufregenden ersten Monaten. Ich beschloss, solche Pausen auch dann einzuhalten, wenn der parlamentarische

Betrieb sie mir künftig nicht gönnen wollte und gerade kein Schneesturm toben würde, der mich zur Ruhe zwingt.

Schon in diesen ersten Monaten im Bundestag gewöhnte ich mir an, Gebetsspaziergänge zu machen. Manchmal lief ich spät abends durch den Tiergarten unweit des Parlaments. Dunkelheit stört mich nicht, wo andere sich gruseln, genieße ich die Ruhe. Wenn die Zeit für solche Ausflüge nicht reichte, nutzte ich nur den Gang von einem Sitzungssaal zum nächsten als Gebetszeit. Manchmal hörte ich mich dabei ein christliches Lied vor mich hin singen. Oder auch nur pfeifen. Was solls, auch das ist ein Spaziergang, dachte ich mir, und stellte Gott die Fragen, die gerade auf meinem Herzen lagen:

„Was mache ich hier?"

„Wo soll ich hin?"

„Passe ich noch in meine Schuhe?"

„Was hat gerade Priorität?"

Meine Gebetshaltung sah in etwa so aus: Ich war immer „online". Ich habe nie Amen gesagt, nie einen Punkt gemacht, bin nie „offline" gegangen. So wie viele heute auch ständig in Sozialen Netzwerken präsent sind. Der Draht nach oben war immer verbunden, auch wenn er nicht ständig heiß lief. Ich brauchte das, mehr noch als die enge Verbindung zu meinen Mitarbeitern. Vielleicht hat es mich sogar vor dem Zusammenbruch bewahrt. Denn den Zeitdruck auszuhalten, die Fülle der Themen und den Anspruch, immer das Richtige zu tun, das ging für mich nur mit Gott als ständigem Begleiter.

So habe ich auch eine meiner schwersten Entscheidungen durchgestanden. Sie folgte erst einige Jahre später, aber ich erinnere mich, als wäre es gestern gewesen. Im Dezember 2015 musste ich darüber abstimmen, ob die Bundeswehr sich am Kampf gegen die Terrororganisation „Islamischer Staat" in Syrien beteiligen sollte. Ich habe die ganze Nacht davor mit mir gerungen. Sollte ich dafür sein, dass das Leben deutscher Soldaten gefährdet wird? Stimmte es, was Sahra Wagenknecht von der Linken am kommenden Morgen in der Debatte sagen würde? Dass Krieg immer neuen Krieg hervorbringt? Oder sollte ich ganz anders denken, zu meiner Fraktion stehen und den Einsatz befürworten, um den Frieden auch in Europa zu sichern? Denn nur drei Wochen zuvor waren in Paris 130 Menschen bei Anschlägen getötet worden, allein 89 im Pariser Nachtclub Bataclan.

Ich tat in dieser Nacht kaum ein Auge zu. Am Ende habe ich für den Einsatz gestimmt. Nicht, weil ich keine Zweifel hatte. Sondern weil ich mich nach Stunden des Betens für das in meinen Augen geringere Übel entschieden habe. Und weil ich glaubte, Gott gehört zu haben: „Frank, jeder Mensch macht sich schuldig. Stell dir die Frage, mit welcher Entscheidung weniger Blut vergossen wird. Aber egal was du tust, ich halte dich." Er sagte mir nicht, wie ich abstimmen sollte. Aber er gab mir Sicherheit, erhobenen Hauptes ins Plenum zu gehen und meine Stimmkarte in die Urne zu werfen. In der Gewissheit, dass wir niemals wissen können, welche Konsequenzen unsere Entscheidungen haben. Wir können nur besten Gewissens handeln. Und das tat ich. Doch ich musste schnell lernen, dass das nicht jeder so sieht wie ich. Die Debatte um die Ehe für alle ließ mich spüren, dass vor allem die Angriffe der christlichen Geschwister manchmal die härtesten sind – und einen am tiefsten verletzen können.

6. Die Wut der Christen

Nicht erst seit Göring-Eckardts Segenswunsch trug ich das Label „fromm". Die Presse machte schnell öffentlich, dass ich der erste Heilsarmee-Offizier im Deutschen Bundestag war. Schon in Chemnitz hatte ich dieses Etikett. Berichte über meine Kandidatur trugen Titel wie: „Heilsarmee-Offizier will in den Bundestag". Doch ich merkte schnell: Es brachte mir in der Politik keine Nachteile, sorgte maximal für Augenzwinkern und kleine Seitenhiebe. Zweimal in meiner ersten Amtszeit hob zum Beispiel der Grünenpolitiker Volker Beck in Reden auf meine Gesinnung ab. Einmal war er mein Vorredner im Plenum. Am Ende seiner Ausführungen ließ er ein Bibelzitat stehen, ganz so, als böte er mir eine Vorlage. Ein anderes Mal ging es im Menschenrechtsausschuss, in dem wir gemeinsam saßen, um eine Terminfrage und ich wies darauf hin, dass das zuständige unionsgeführte Ministerium noch Zeit benötige. Ich sagte: „Die brauchen noch ein paar Tage." Und Beck erwiderte:

„Herr Heinrich, sie wissen doch so gut wie ich, die Bibel sagt, tausend Jahre sind wie ein Tag. Bitte nicht."

Dabei blieb es. Vorurteile gegenüber Christen, erst recht Evangelikalen, bekam ich nicht zu spüren. Und das, obwohl ich meine Herkunft keineswegs versteckt habe. Als es einmal in der Fraktion um evangelikale Christen in den USA ging, hatte ich den Eindruck, meine Kollegen scherten alle über einen Kamm: von Hardlinern bis Liberalen. Ich meldete mich und stellte unter anderem klar: „Evangelikal bedeutet dort evangelisch und da gehöre ich dazu." Denn schon damals saß ich im Hauptvorstand der Deutschen Evangelischen Allianz, dem Netzwerk evangelikaler Christen. Ich erklärte meinen Kollegen, dass sich im Spektrum der Evangelikalen alle möglichen Ausrichtungen fänden und dass es innerhalb dieser Gruppe sowohl rechte oder konservative als auch linke und liberale Christen gebe. Ich selbst verorte mich übrigens irgendwo mittendrin.

Andersherum machte ich auch innerhalb der Allianz gleich zu Beginn meiner politischen Arbeit klar: Ich stehe euch nahe, aber ich lasse mich auch von Christen nicht vereinnahmen. Wie ernst ich das meinte, wurde spätestens im dritten Jahr meiner Abgeordnetenzeit auch dem Letzten klar. Denn da unterstützte ich einen Antrag jener Gruppe, die alle irgendwann nur noch „Die Wilde Dreizehn" nannten, frei nach der Piratenbande aus dem Kinderbuch Jim Knopf. Ich stieß damit nicht nur große Teile meiner Fraktion, sondern auch viele Christen vor den Kopf. Aber das macht mich aus: Ich grübele lange über Dinge nach. Und wenn ich zu dem Ergebnis komme, dass etwas ungerecht ist, dann muss ich meinem Gewissen folgen. So war es auch damals.

Worum ging es bei diesem Antrag? Am 28. Juni 2012 stimmte der Deutsche Bundestag über ein Gesetz ab, das so ähnlich einige Jahre später verkürzt „Ehe für alle" genannt wurde. Die Grünen-Fraktion, allen voran Volker Beck, hatte es bereits ein Jahr zuvor formuliert. Das Schriftstück forderte eine Änderung des Bürgerlichen Gesetzbuches. Künftig sollten nämlich auch gleichgeschlechtliche Paare eine Ehe eingehen können. Zumindest staatlicherseits. Das Recht der Kirchen, dies zu verweigern, berührte der Gesetzesentwurf ausdrücklich nicht. Neben den Grünen brachte auch die SPD einen ähnlich lautenden Antrag ein. Beide Oppositionsfraktionen waren sich einig: An die Stelle der bisherigen „eingetragenen Lebenspartnerschaft" sollte auch für Schwule und Lesben die Ehe treten. Das Ziel: Gleichbehandlung. Volker Beck warf sich mit Verve und Herzblut in den Kampf. Hinter dem Rednerpult des Deutschen Bundestages warb er mit Verweis auf die internationale Entwicklung für eine Änderung: „Auch in Deutschland ist die Zeit reif für schwule und lesbische Hochzeiten." Denn just in diesen Monaten machten sich unter anderem Großbritannien und Frankreich auf den Weg der Öffnung. In beiden Ländern gibt es die Ehe für Schwule und Lesben seit 2013. „Gleiche Liebe verdient gleichen Respekt und deshalb auch gleiche Rechte", erklärte Beck. Und weiter: „Lassen Sie uns nicht immer nur warten auf das Bundesverfassungsgericht." Damit sprach Beck einen für mich wichtigen Punkt an. Bereits zu diesem Zeitpunkt war nämlich absehbar, dass das Bundesverfassungsgericht zeitnah über die Gleichbehandlung von Homosexuellen urteilen würde. Das Ehegattensplitting stand zur Debatte, da es Schwule und Lesben in eingetragener Lebenspartnerschaft möglicherweise benachteiligte.

Thomas Silberhorn aus meiner Fraktion hingegen brachte in der Debatte zum Ausdruck, wie CDU und CSU die Sache sahen. Mit ihnen sei ein solches Vorhaben nicht zu machen, erklärte er. Die Verfassung definiere die Ehe als Verbindung von Mann und Frau. „Deswegen scheidet eine Öffnung für gleichgeschlechtliche Partner für uns aus."

Mit den Stimmen von FDP und Union wurden die Anträge zur Ehe für alle an diesem Tag abgelehnt. Doch das war nicht das Ende der Geschichte. Ich stimmte damals zwar mit meiner Fraktion gegen die Anträge von Grünen und SPD. Zugleich war ich aber davon überzeugt, dass wir innerhalb der CDU weiter über einen Teil des Themas sprechen müssten. Denn in einem hatten Volker Beck und die Grünen recht: Wir konnten als Parlamentarier nicht einfach Entscheidungen treffen und abwarten, bis das Bundesverfassungsgericht sie uns wieder um die Ohren schlug. Es war unmittelbar klar: Die steuerliche Gleichstellung homosexueller Paare musste kommen. Das verlangte der Allgemeine Gleichheitssatz im Grundgesetz. Und so sollte es das Höchste Gericht schließlich auch im Jahr 2013 entscheiden. Das wusste ich im Sommer 2012 freilich noch nicht. Dennoch spürte ich: Ein einfaches Nein zur Ehe für alle reichte nicht aus. Wir mussten als Christdemokraten Antworten geben auf die berechtigte Frage nach einer steuerlichen Gleichstellung, und zwar jenseits der Grundsatzdebatte, ob das mit Konservatismus und christlichem Glauben vereinbar sein könnte. Es ging hier erst einmal um die Wahrung der Verfassung.

Das und ganz allein das, war für mich der Grund, mich einem Antrag von 12 Kollegen anzuschließen, die das Thema beim CDU-Parteitag im Dezember erneut besprechen wollten. In dem Antrag hieß es unter anderem: „In der eingetragenen Partnerschaft wird wie in der Ehe wechselseitige Verantwortung übernommen. Dadurch wird wie in der Ehe die Gemeinschaft entlastet. Es werden wie in der Ehe konservative Werte gelebt." Anderthalb Jahre später fragte mich eine Journalistin, wie ich als Christ zu dem Thema Homosexualität stehe. Meine Antwort gilt heute wie damals: „Ich muss als Christ die Reihenfolge der Werte hinkriegen. Werte wie Treue, Wertschätzung, Menschenwürde, Gleichheit münden im Liebesgebot – für uns Christen der höchste Wert. In der Diskussion um Gleichstellung von Schwulen und Lesben verrutschen wir hin und wieder in der Liga. Da steigt die Meinung zu Homosexualität in die erste Liga auf und verdrängt die Liebe und Wertachtung."

Ich persönlich bin mit dem Thema theologisch noch nicht fertig. Mich hat noch nie ein homosexuelles Pärchen gefragt, ob ich es trauen würde. Und wenn es dazu käme, müsste ich vermutlich eine längere Zeit darüber nachdenken. Eines aber weiß ich: Segen kann ich schwerlich verwehren. Ich glaube: Das Thema Homosexualität hat für die neutestamentliche Ethik eine geringere Bedeutung als wir ihm oft zuschreiben. Andere Themen sind viel wichtiger: der Umgang mit Geld etwa oder mit Angst und Sorgen. Oder das Thema Richten. Im Vergleich dazu ist die evangelikale Debatte über Homosexualität völlig überhöht. Das zeigte sich auch an den Reaktionen, die ich zu spüren bekam, als öffentlich wurde, dass ich zu den „Wilden Dreizehn" gehörte, weil ich meine Unterschrift unter den Antrag gesetzt hatte.

Als ich im Juni gegen die Anträge zur Ehe für alle gestimmt hatte, kamen vereinzelte Proteste. Hier ein Brief, der mir Homophobie vorwarf. Dort eine E-Mail, die erklärte, ich sei ewiggestrig. Doch was ich erlebte, als ich mich kurze Zeit später für die steuerliche Gleichsetzung homosexueller Paare einsetzte, entbehrt jedes Vergleichs. Ein Shitstorm brach über mich herein. Noch dazu einer, der sich vor allem aus der christlichen Ecke speiste. Da waren zum einen jene, die mir Opportunismus vorwarfen:

„Ein Jahr vor der Wahl willst du nun also schon Stimmen sammeln."

Als wesentlich schlimmer empfand ich aber die, die mir den Glauben absprachen.

„Jesus ist dir also nicht mehr so wichtig", hieß es in manchen Schreiben. Meistens noch mit dem Zusatz:

„Ich bete dennoch für Sie, Herr Heinrich."

Eine Frau schrieb mir:

„Dann geben Sie doch gleich Ihre Heilsarmee-Uniform ab und sagen Sie bitte niemandem, dass Sie Christ sind oder verlassen Sie den Rat der Gottlosen."

Anbei zitierte sie ausführlich aus dem Römerbrief im Neuen Testament.

Man könnte meinen, dass mich solche Angriffe nach drei Jahren im Parlament kaltgelassen hätten, immerhin hatte ich schon ein Gefühl dafür bekommen, was es hieß, in der Öffentlichkeit zu stehen. Aber sie taten es nicht. Ich war verletzt wie noch nie zuvor in meiner politischen Karriere. Aus Frust und auch ein wenig als Therapie legten ich und mein Team in den ersten Jahren eine Sammlung an, die wir bis zum Ende meiner Bundestagszeit fortführten. Wir nannten sie intern den Kotz-Ordner. Ich musste längere Zeit suchen, bis ich ihn für dieses Buch wiedergefunden habe, aber er ist auch nach all der Zeit noch da. In ihm finden sich die besonders bösen Zuschriften, die ich über all die Jahre erhielt. Manche kamen von Rechten. Manche von sogenannten Wutbürgern. Manche von Christen. Oder von einer Schnittmenge aus diesen dreien. Ich habe sie aufgehoben, um mir vor Augen zu führen, was Menschen einem antun können. Nicht nur mir, sondern auch anderen. Das menschliche Herz ist fähig zum Guten wie auch zum Schlechten, egal welcher Religion oder Kultur wir angehören.

Einer schickte mir zum Beispiel stur immer wieder Bibelverse – ohne weitere Kommentare. Etwa:

„Darum sendet ihnen Gott die Macht der Verführung, sodass sie der Lüge glauben, damit gerichtet werden alle, die der Wahrheit nicht glaubten, sondern Lust hatten an der Ungerechtigkeit."

E-Mail für E-Mail zeigte er mir so, wofür er mich hielt: einen Reichen, einen Ungläubigen, einen, der Gottes Reich verraten hatte. Ein anderer textete:

„Was würde Jesus dazu sagen? (…) Würde er Euch von der CDU in Berlin auch die Schreibtische umwerfen, wie dazumal den Geldwechslern im Tempel?"

Wieder einer schickte mir ein in meinen Augen wenig amüsantes Gedicht mit dem Titel „Gaukler":

„Und weiter geht's im alten Trott
mit Schwindel, Heuchelei und Schein.
Das ist eindeutig nicht von Gott
und soll es wohl auch gar nicht sein."

Einer fragte mich anlässlich einer Abstimmung, die ich nicht in seinem Sinne tätigen wollte: „Möchten Sie mit solch einer Last auf der Seele einst vor Ihren Schöpfer treten?"

Manche wurden sehr persönlich:

„Hallo Frank,

oder muss ich jetzt das SIE benutzen? Wir kennen uns aus Deiner Kapitänszeit in der Heilsarmee in Chemnitz, wo ich große Hochachtung zu Dir und Deinen Worten hatte, aber wie man so schön sagt, alles geht mal vorbei! Dazumal hattest Du Verständnis für uns arme Mitmenschen eben christliches Verhalten und was wurde daraus? Heute hast Du Dich stark gewandelt und redest der Merkel zum Mund. Leider bist Du jetzt nicht mehr bürgernah, wie Du es mal warst beim Zusammentreffen. Wohin soll alles noch gehen??? Einen Freund habe ich verloren – schade ..."

Dann gab es die wesentlich deutlicheren:

„Stellt die Hochverräter Merkel, Schäuble und ihre Komplizen aus Regierung, Parlament, Fraktionen, EU ... vor Gericht; TODESSTRAFE für Hochverräter."

Oder auch: „Liebe CDU/CSU, Ihr seid der größte Abschaum der Welt. Ihr seid Ausbeuter und Vergewaltiger des deutschen Volkes."

Ich habe in einem der vorangegangenen Kapitel von der Syrien-Abstimmung 2015 erzählt. Jene, die mir den Schlaf raubte. Und bei der ich schließlich für den Einsatz deutscher Truppen votierte. Noch am selben Tag erhielt ich eine E-Mail, die ebenfalls in meinem Ordner landete. Anstatt einer Anrede schrieb der Absender:

„Ich bin zornig."

Es ging noch schlimmer weiter. Am Ende seiner Ausführungen textete er:

„Dafür verfluche ich dich!"

Mitten im ICE fiel mir damals die Kinnlade herunter, als ich diese E-Mail las. Ich bin Christ und glaube daran, dass Flüche Macht haben können. Ich glaube an die Kraft des Guten und die des Bösen. Und ich kann mir kaum etwas vorstellen, das mich dazu bringen würde, einen Fluch tatsächlich auszusprechen. Aber dieser Mann, erkennbar ebenfalls Christ, tat genau das. Wegen einer Entscheidung, die ich in seinen Augen falsch getroffen hatte. Einige Tage später erhielt ich eine weitere Zuschrift von ihm. Darin stand mit Bezug auf uns Politiker:

„Ihr gehört alle gehenkt."

Mein Team bemühte sich nicht um eine Antwort, sondern gab den Schriftverkehr augenblicklich an die Bundestagspolizei weiter. Flüche mögen für manche noch abstrakt sein. Aber Drohungen sind es nicht. Und niemand muss sich das gefallen lassen.

Wer den Kotz-Ordner nun für ein gar zu brachiales Werkzeug der Trauma-Verarbeitung hält, dem sei gesagt: Ich habe auch einen Herz-Ordner angelegt. Denn es gab auch die schönen Zuschriften und Kommentare zu meiner Arbeit. Nicht alles ist finster. Das war es auch damals nicht und daran möchte ich mich ebenfalls erinnern. Am stärksten aber bleibt die Erinnerung an die Verletzungen. Vor allem auch deshalb, weil ich die bösen Zuschriften und Anrufe oft von Menschen bekam, die ich kannte. Von Leuten, neben denen ich in Chemnitz in Gottesdiensten gesessen hatte. Und sogar von manchen, die mir richtig nahestanden. Heute kann ich sagen: In der Debatte um die „Wilden Dreizehn" habe ich Freunde verloren. Aber ich habe auch viel gelernt. Zum Beispiel Dinge, die mein Herz verletzen, gleich im Gebet nach oben zu schicken. Sie abzugeben, wie man so schön sagt. Damit sie mich nicht krank machen. So seltsam es klingen mag: Mein Glaubensleben war in dieser harten Zeit lebendiger als je zuvor.

Neben den Angriffen von außen und den ernsten Gesprächen, die wir innerhalb der Fraktion zum Thema Gleichstellung führten, gab es auch einen netten Nebeneffekt: Die Opposition nahm mich danach als Politiker wahr, der nicht nur in Parteigrenzen denkt. Der Themen nicht pauschal nach Katalog abarbeitet, sondern tatsächlich seinem Gewissen folgt. Und darum ging es mir am Ende wirklich: Ich wollte gut schlafen können. Und mit meinen Entscheidungen reinen Gewissens leben. Als Politiker hatte ich die Pflicht und auch das Privileg, mir Menschenrechtsprobleme mit eigenen Augen ansehen zu können. Ich bin in Regionen gereist, die die meisten Menschen nie zu Gesicht bekommen.

So brachte mich meine Arbeit 2010 auch nach Uganda. Ich traf mich dort unter anderem mit einer lesbischen Frau und einem schwulen Mann, die gerade aus dem Gefängnis entlassen worden waren. Man hatte sie wegen ihrer sexuellen Orientierung eingesperrt und verprügelt. Und das, obwohl es gar kein Gesetz gab, das Homosexualität als illegal ansah. Bis dahin zumindest. Denn das Parlament wollte in naher Zukunft darüber entscheiden und Homosexualität verbieten. Die Polizei hatte sie so behandelt, als wäre dieses Gesetz bereits in Kraft. Ich habe ihr Leid gesehen und ihre Bitten gehört, dass deutsche Politiker ihnen und ihrer Community helfen mögen. Es waren auch ihre Geschichten, die mich 2012 durch die Debatte im Bundestag begleiteten. Ungerechtigkeit darf nicht sein. Und für Christen schon gar nicht. Davon bin ich überzeugt. Aber ich bin auch jederzeit bereit, meine Motive zu erklären. Und hinterfragen zu lassen. Bis heute sprechen mich Menschen auf die „Wilde Dreizehn" an. Erst vor einigen Wochen habe ich wieder mit einem Pastor darüber diskutiert. Das ist okay. Wir müssen miteinander reden, auch wenn wir Dinge unterschiedlich sehen. Das ist nicht zuletzt eine christliche Tugend. Und eben dieses Miteinander-Reden, das Zusammenhalten und Einander-Helfen, egal wie unterschiedlich wir alle sind, habe ich in meiner Zeit in Freiburg, Basel und Chemnitz gelernt.

7. Ein Offizier und Gentleman

Die „Insel" in Freiburg mit ihren Obdachlosen, Prostituierten, Jugendlichen und vermeintlichen Normalos wie mir blieb von 1988 an knapp sieben Jahre lang mein zweites Zuhause. Ich ging nicht einfach zum Dienst dorthin. Es war, als beträte ich Abend für Abend mein Wohnzimmer. Das galt nicht nur für mich allein, sondern auch für den Rest meiner wachsenden Familie. Gemeinsam mit unseren damals noch drei Kindern besuchten wir immer öfter die Sonntagsgottesdienste der Heilsarmee. Im besten Fall ist eine Gemeinde wie eine erweiterte Familie und ich kann sagen, dass wir uns dort so fühlten. Und wie bei einer gut laufenden Beziehung bekam ich immer mehr den Eindruck, dass wir als Familie noch einen Schritt weitergehen sollten. Bisher war ich einfach Sozialarbeiter in einer Einrichtung der Heilsarmee. Aber ich war nicht Mitglied der Organisation als solcher, obwohl ich ihre Werte im Laufe der Jahre so gut kennen- und schätzen gelernt hatte. Sie waren mir eigen geworden, die beiden Leitsprüche: „Suppe, Seife, Seelenheil" oder in meinen Worten: „Herz, Hand und Mund". Die Idee dahinter prägt mein Leben und mein Engagement bis heute. Sie lautet: Helfen bedeutet anpacken, aber auch beten und auf Gott hinweisen. Denn ohne ihn läuft nichts. Ohne die, die bereit sind, sich für andere schmutzig zu machen, aber auch nicht.

Wie so oft, wenn ich in meinem Leben das Gefühl hatte, dass wichtige Entscheidungen bevorstanden, legte ich nach etwas über sechs Jahren „Insel" eine Fastenzeit ein. Das habe ich auch in meiner Bundestagszeit regelmäßig getan und es hat den ein oder anderen Politiker zu kleinen Witzchen verleitet. Eine Kollegin ermahnte mich einmal lächelnd, ich solle es nicht übertreiben, als ich mit eingefallenen Wangen nach mehreren Fastenwochen ins Plenum kam. Ihre Sorge war unbegründet, ich hatte nie Probleme, die verlorenen Kilos wieder zuzulegen. Zur Hochphase der Flüchtlingskrise im Jahr 2015 sagte ich in einer Bundestagsrede:

„Ich würde am liebsten fasten und beten und mein Gewand zerreißen."

So wie es die Bibel über Menschen berichtet, die schlimmes Leid haben mitansehen müssen. Mein Mitgefühl galt jenen, die im Mittelmeer zu Tausenden ertrunken sind und bis heute ertrinken. Einem Oppositionspolitiker der Linken fiel nichts Besseres ein, als in meine Rede etwas hineinzurufen wie:

„Ach, Herr Heinrich, das würde ich aber jetzt gern mal sehen, wie sie ihren Anzug zerreißen."

Ich glaube, er hatte nicht wirklich verstanden, welche Verzweiflung in biblischen Zeiten in einem solchen Akt lag. Das Fasten ist für mich immer Ausdruck einer ähnlich verzweifelten Suche nach dem richtigen Weg gewesen. Nach Gottes Willen. Es ist ein wichtiger Teil meines Gebetslebens.

Auch bei meiner Entscheidung, in die Heilsarmee einzutreten, spielte das Beten und Fasten eine wichtige Rolle. 1994, während meiner Zeit in Freiburg, beschloss ich, eine besonders lange Fastenzeit einzulegen. Ich überlegte, die Beziehung zur Heilsarmee festzumachen und Offizier zu werden. Eine Entscheidung, die mein Leben, ja das meiner ganzen Familie, grundlegend verändern würde.

Nun mag sich der ein oder andere fragen: Offizier? In einer christlichen Kirche? Wie geht das denn? Die Frage ist berechtigt und ich habe sie mir am Anfang meiner Zeit in der Heilsarmee auch gestellt. Bis heute muss ich ein wenig über die militärische Struktur der Organisation, die ich so liebe, schmunzeln. Sie ist eigen. Wunderbar eigenartig, würde ich sagen.

[+++]

Die Heilsarmee wurde Mitte des 19. Jahrhunderts in London gegründet und verbreitete sich schon kurze Zeit später in der ganzen Welt. Ihr Gründer, der Methodistenpastor William Booth, wollte das Leid der Armen in den Slums seiner Stadt nicht einfach so hinnehmen, sondern im Sinne christlicher Nächstenliebe etwas daran ändern. Daher rührt das soziale Engagement der Organisation. Aus dem Jahr 1912 ist eine Rede Booths überliefert, die deutlich zeigt, worum es ihm ging: die Not zu lindern und zugleich die christliche Botschaft verkündigen:

„Solange Frauen weinen, wie sie es jetzt tun … – will ich kämpfen;

solange Kinder Hunger leiden müssen, wie sie es jetzt tun – will ich kämpfen;

solange Menschen ins Gefängnis müssen, rein und raus, rein und raus – will ich kämpfen;

solange es Mädchen gibt, die auf der Straße unter die Räder geraten, solange es eine Seele gibt, in der das Licht Gottes noch nicht scheint – will ich kämpfen. Ich kämpfe bis zum letzten Atemzug!"

Ich habe diese wichtigen Worte auch einmal in einer Bundestagsrede zitiert.

Die Heilsarmee ist mehr als ein Sozialwerk. Sie ist eine evangelische Freikirche, eigenständig, mit guten Verbindungen zu den beiden großen Volkskirchen. Besonders ist sie vor allem wegen ihrer militärischen Struktur. Denn die Geistlichen nen-

nen sich dort Offiziere, Mitglieder heißen in der Regel Heilssoldaten. Und wer in der strengen hierarchischen Struktur auf-
steigt, der tut das entsprechend den militärischen Rängen in
der Armee. Nach dem Besuch einer Offiziersschule, also einer
mehrjährigen Ausbildung in Theologie und Predigt, sendet die
Heilsarmee ihre Anwärter als Leutnants in Gemeinden aus.
Dort leisten die Offiziere fünf Jahre lang Dienst, vergleichbar
mit dem Vikariat in den Evangelischen Landeskirchen. Anschließend dürfen sie sich dann Kapitän nennen. Sie können
auch zu Majoren aufsteigen, Oberstleutnant werden oder
Kommandeur. Manche dieser Ränge entsprechen etwa dem
Bischofsamt in den großen Kirchen. William Booth war der
erste General der Heilsarmee, also ihr Gesamtleiter.

Statt Talar oder Bischofsrock tragen Soldaten und Offiziere der Heilsarmee Uniform. Sie verpflichten sich dazu, auf
Alkohol, Tabak, Drogen und Pornographie zu verzichten
und sich sozial und evangelistisch zu engagieren. Besonders
das Zweite mag für manche sehr konservativ klingen und
in der Tat zählt sich die Heilsarmee zur evangelikalen Bewegung, also dem theologisch eher konservativ geprägten
Teil des evangelischen Christentums. Booth verzichtete auf
Alkohol, damit er den Alkoholabhängigen um sich herum
besser beistehen konnte. Dieser Eid entspringt also wie so
vieles bei der Heilsarmee der Idee christlicher Nächstenliebe.
Doch die Heilsarmee ist weit mehr als einfach nur konservativ und militärisch. Sie war von Beginn an in einem Punkt ex-
trem fortschrittlich: Frauen waren den Männern von Anfang
an gleichgestellt. Zeitweise leitete William Booths Tochter
Evangeline die Kirche. Viele Frauen in anderen Ländern taten es ihr gleich. Und das wohlgemerkt im 19. Jahrhundert,
als Frauen vielerorts weder wählen noch studieren oder arbeiten durften. Auch das machte die Heilsarmee zu meinem
Zuhause. Dass sich so viele Kirchen bis heute derart schwer-

tun mit der Gleichstellung von Frauen, befremdet mich. Ich wüsste nicht, warum sie nicht ebenso auf die Kanzeln und in die Leitungsgremien unserer Gemeinden gehören sollten wie Männer auch.

[+++]

Ich verzichtete also vier Wochen lang auf feste Nahrung, während ich über meine Beziehung zur Heilsarmee nachdachte. Am Ende dieser Zeit entschied ich mich dazu, der Heilsarmee beizutreten und alle Verpflichtungen und Regeln zu befolgen, die sie mir auferlegte. Und das, obwohl mir in meinem ganzen Leben nichts ferner gelegen hätte, als eine Uniform zu tragen. Man ahnt es heute nicht mehr, aber ich hatte damals schulterlange Haare. Ich hatte den Wehrdienst verweigert. Und von meinen Eltern gelernt, dass Waffen und militärisches Gehabe nichts Erstrebenswertes waren. Regina und ich hatten in den Jahren zuvor immer mal mit dem Gedanken gespielt, als Missionare nach Asien zu gehen. Das war das Leben, das wir uns vorstellten: Soziale Arbeit unter den Ärmsten, aber dafür mit Sonne, ungebunden in fernen Landen, getragen durch Spenden. Was nun kommen könnte, wäre genau das Gegenteil: Wir würden nach Basel in der Schweiz umziehen müssen, denn dort wurden Heilsarmee-Offiziere ausgebildet. Wir würden uns in die militärische Hierarchie einfügen müssen und als Familie von wenig Geld leben. Ich müsste Theologie büffeln. Noch einmal von vorne beginnen. Vielleicht zeigt das am stärksten meine Verbindung zur Heilsarmee. Nicht weil, sondern obwohl sie einen Stil pflegte, der mir nicht entsprach, zog mich mein Herz dorthin. Weil ich gesehen hatte, was ihre Mitarbeiter und ihre Mitglieder gemeinsam erreichten. Wie sie halfen und damit die Welt bewegten. Außerdem hatte ich bereits in meiner Zeit in Freiburg gesehen, dass hinter den Uniformen und der militärischen Anmutung viel mehr Freiheit steckte, als mancher erwartete. Wie sonst könnten wir mit all den wunderbaren und verrückten Originalen in der „Insel" arbeiten. Ich erinnerte mich noch gut an ein Plakat, das mein einstiger Vorgesetzter in Freiburg über dem Tresen der „Insel" aufgehängt hatte. Darauf stand: „Man muss nicht verrückt sein, um hier zu arbeiten. Aber es hilft ungemein." Genau so war es. Und das Wissen um die innere Freiheit der Heilsarmee löste für mich die Spannung zum Armeeduktus auf.

Ich sagte also „Ja" zur Heilsarmee. Es stand fest: Ich würde ihr mein Leben geben. Aber Moment. Da war doch noch jemand, dem ich genau das versprochen hatte! Auch das stand für mich nach dem Fasten fest: Ich würde diesen Schritt nicht ohne meine Frau Regina gehen. Meine Frau sollte mir nicht einfach folgen, sie sollte genauso wie ich ein Ja zu diesem Leben finden. Wir müssten es gemeinsam wollen. Regina nahm sich zwei weitere Wochen Zeit. Und am Ende bewarben wir uns tatsächlich gemeinsam für die Offiziersschule in Basel. Und wir wurden angenommen. Wir würden Kadetten werden.

An einem Februartag im Jahr 1995 trat ich meinen Abenddienst in der „Insel" an. Einen Abend später würden wir Mitglieder werden, also Soldaten. Als ich so kurz nach der Entscheidung, unser Leben mit der Heilsarmee festzumachen, das Café betrat, begann ein Lied aus den Lautsprechern zu tönen. Als hätte es auf mich gewartet. Und offensichtlich war da wirklich höhere Gewalt im Spiel, denn der Text klang so:

„*Wenn du mein Soldat wirst,*
werde ich bei dir sein,
wenn du mit mir gehst,
bist du nie mehr allein."

Es war, als marschierte ich zu diesen Worten in die „Insel" ein. Ich musste laut lachen. Gott hat einen wunderbaren Humor.

Diese Entscheidung, so richtig sie für uns auch war, kostete uns einiges. Vor allem Regina. Denn kurz bevor wir nach Basel umzogen, kam nach drei Mädchen unser Sohn David zur Welt. Er war gerade mal ein halbes Jahr alt, als wir unsere Ausbildung begannen. Für Regina bedeutete das: Sie würde unseren Säugling während der Unterrichtszeiten in die hauseigene Krippe geben müssen – und das entsprach weder ihrer Herzenshaltung noch unseren pädagogischen Prinzipien. Wir haben unsere Kinder alle möglichst lange bei uns zu Hause behalten. Als wir später nach Chemnitz zogen, brachte uns das einige fragende Blicke ein, schließlich war es im Osten Deutschlands ganz normal, dass Kinder Krippen besuchten und spätestens mit drei in den Kindergarten gingen. David schickten wir erst mit vier. Vielleicht auch, um zu kompensieren, dass er während unserer Ausbildungszeit in die Krippe musste. Immerhin war die Einrichtung nur einige Räume entfernt. Nicht nur deshalb war die Ausbildung ein echter Glaubensschritt und verlangte uns viel Vertrauen in Gottes Führung ab.

Schon seit Studienzeiten war unser Geld immer knapp gewesen. Wir mussten vier Kinder versorgen und das Gehalt in sozialen Berufen war damals ähnlich schlecht wie heute. Mit Aufnahme der Ausbildung in Basel würden wir von noch weniger Geld leben müssen. Zwar konnten wir auf dem Gelände der Schule wohnen und Kost sowie Logis waren inbegriffen. Wir bekamen eine kleine Wohnung zugeteilt, zwei Zimmer, Bad, Einbauküche. Aber mehr als ein kleines Taschengeld zusätzlich gab es nicht. Und andere Einkünfte blieben aus. Schließlich waren wir bald vollzeitlich Kadetten. Irgendwie schafften wir es dennoch, uns nie echte Sorgen um Geld zu machen. Regina sagte einmal:

„Der Herr wird sich schon darum kümmern, wenn er uns so klar diesen Auftrag gibt."

Und in der Tat hat er sich um uns gekümmert. Manchmal auf geradezu wundersame Weise. Ich erinnere mich an ein Erlebnis, kurz bevor es für uns nach Basel ging. Es war schon dunkel draußen, und wir mussten unser Auto tanken. Eine Tankfüllung für den kleinen Subaru, den wir damals fuhren, riss jedes Mal ein ordentliches Loch in unser Portemonnaie. Dennoch wollten wir den Kindern auch etwas gönnen und bummelten kurz durch den Laden der Tankstelle auf der Suche nach kleinen Mitbringseln. Als ich nach einigen Minuten mit Schokoriegeln und einem kleinen Plüschtier zur Kasse ging, berechnete der Verkäufer mir 5 D-Mark. Ich sagte:

„Nein, nein, wir haben auch das Auto dort draußen getankt", und deutete auf den einzigen Wagen auf dem Gelände. Ein anderer war gerade weggefahren.

„Oh, ich weiß", sagte der Mann hinter dem Schalter. „Aber das hat der andere Kunde schon bezahlt."

Ich guckte verdattert drein. Vor mir hatte tatsächlich ein anderer Mann bezahlt. Er war schon fort.

„Hat er die Autos vielleicht verwechselt?", fragte ich, ängstlich, dass ich am Ende vielleicht seine noch teurere Tankfüllung bezahlen müsste.

„Nein, er hat für beide Autos bezahlt. Wollte er so", sagte der Verkäufer.

Also zahlte ich meine 5 Mark und ging verdutzt zum Auto zurück. Immer wieder dachte ich darüber nach, ob ich meinen Wohltäter schon einmal irgendwo gesehen hatte. Aber ich konnte mir keinen Reim darauf machen. Außer: Gott hatte uns so kurz vor unserem Aufbruch ins Ungewisse wohl klarmachen wollen, dass er uns auch finanziell versorgen würde. Komme, was wolle. Dieses Erlebnis hat uns für Jahre den Druck genommen, auch wenn die Zeiten finanziell

manchmal düster waren. Wenn wir mal besorgt waren, weil
ein Schulbuch sehr teuer war oder eine Reparatur am Auto
anstand, dann dachten wir an diesen Abend zurück in dem
Wissen: Wir kommen da schon durch. Irgendwie wird es
gehen.

So begannen wir ein neues Leben. Wir arbeiteten uns ein
in die Struktur der Heilsarmee, in ihre Geschichte, aber auch
in Theologie und Predigtlehre. Einmal in der Woche gab es
einen missionarischen Einsatz in den Kneipen Basels. Eine
wunderbare Tradition, wir nannten sie „Wirtschaftsmis-
sion". Regina und ich wechselten uns ab, damit einer bei
den Kindern bleiben konnte, und zogen gemeinsam mit den
anderen Kadetten durch die Bars. Mit dabei war immer unser Akkordeon oder eine Gitarre. Wir sangen Lieder, kamen
mit den Leuten ins Gespräch und unterhielten uns über das
Leben, die Liebe und Gott. Wer das nun eigenartig findet,
dem sei gesagt: In der Schweiz war das damals völlig normal.
Die Leute in manchen der Kneipen warteten fast schon jeden
Freitag darauf, dass die seltsamen Uniformierten kamen und
sich zu ihnen setzten. Ich habe das später, als wir in Chemnitz lebten, auf gewisse Weise fortgesetzt. Nur dass wir dann
zur Weihnachtszeit eine Drehorgel statt eines Akkordeons
benutzten. Und damit habe ich auch schon vorweggenom-
men, was nach unseren zwei Jahren in Basel geschah. Am
Tag unserer Weihe – denn damit endete die Ausbildung an
der Offiziersschule – wurden wir ausgesendet. Für Regina,
Veronica, Janine, Irina, David und mich lautete die nächste Station: Chemnitz. Nur knapp zwei Wochen später würden wir umziehen. So ergeht es bis heute den meisten Heils-
armee-Offizieren. Nachdem sie das Gelübde offiziell und
vor Gästen in einer Zeremonie gesprochen haben, werden
sie ausgesendet – und niemand von ihnen weiß vorher, wohin es geht. Dass die sogenannten Soldaten und künftigen

Pastoren sich darauf einlassen, zeigt ihre Verbundenheit mit der Organisation, aber auch ihren starken Glauben daran, dass Gott sie führen wird. Auch wir vertrauten damals fest darauf, dass unser Weg ein guter sein würde. Und konnten deshalb mit vollem Herzen das Gelübde sprechen, das für Heilsarmee-Leute noch heute gilt und im Laufe der Jahre nur leicht verändert wurde. Es hat wahrlich mein und unser Leben verändert:

Das Gelübde der Heilssoldaten

Ich habe Jesus Christus als meinen Herrn und Heiland angenommen. Nun möchte ich meine Zugehörigkeit zu seiner Kirche auf Erden als Soldat der Heilsarmee bezeugen und durch die Gnade Gottes dieses Gelübde ablegen.

Ich glaube an die Wahrheiten des Wortes Gottes, wie sie die Heilsarmee in ihren elf Glaubensartikeln ausdrückt, und will mein Leben nach ihnen ausrichten.

Ich will in meinem Leben offen sein für das Wirken des Heiligen Geistes, seiner Führung gehorchen und in der Gnade wachsen durch die Gemeinschaft mit den Gläubigen, Gebet, Bibellesen und Dienst.

Ich will die Werte des Reiches Gottes und nicht die Werte der Welt zum Maßstab meines Lebens machen.

Ich will, dass lautere christliche Integrität jeden Bereich meines Lebens bestimmt. Nichts, das unwürdig, unrein, unwahr, gemein, unehrlich oder unsittlich ist, soll in meinen Gedanken, Worten und Taten Raum finden.

Ich will, dass der Geist Christi erkennbar ist in allen meinen Beziehungen: in meiner Familie und Nachbarschaft, an meiner Arbeitsstelle und im Korps, in meinem gesellschaftlichen Umfeld und im Umgang mit solchen, für die ich verantwortlich bin, wie auch jenen gegenüber, denen ich verantwortlich bin.

Ich will die Unverletzlichkeit der Ehe und Familie hochhalten.

Ich will verantwortungsbewusst und treu mit meiner Zeit, meinen Gaben, meinem Geld, meinem Besitz, meinem Körper, meinem Geist und meiner Seele umgehen in dem Wissen, dass ich Gott darüber Rechenschaft ablegen muss.

Ich will mich enthalten von alkoholischen Getränken, Tabak, von nicht ärztlich verschriebenen Drogen, dem Glücksspiel, der Pornografie, dem Okkultismus und allem, was meinen Körper, meine Seele oder meinen Geist abhängig machen könnte.

Ich will an den Zielen festhalten, zu denen Gott die Heilsarmee ins Leben rief, indem ich das Evangelium von Jesus Christus anderen weitergebe, sie für ihn gewinne und in seinem Namen Notleidenden und Benachteiligten helfe.

Ich will mich so weit wie möglich aktiv am Leben, an der Arbeit, den Gottesdiensten und dem Zeugnis des Korps beteiligen. Von meinem Einkommen will ich einen möglichst großen Teil geben, um die Dienste des Korps und die weltweite Arbeit der Heilsarmee zu unterstützen.

Ich will den Grundsätzen und Methoden der Heilsarmee treu sein und mich ihren Leitern gegenüber loyal verhalten, und ich will den Geist echten Salutismus zeigen, sowohl in Zeiten der Anerkennung als auch in Zeiten der Verfolgung.

Ich rufe alle Anwesenden zu Zeugen auf, dass ich aus freiem Willen dieses Gelübde ablege und unterzeichne. Ich bin überzeugt, dass Jesus Christus aus Liebe für meine Errettung starb und nun in mir lebt. Darum weihe ich ihm mein Leben für seinen Dienst zum Heil der Welt. Deshalb erkläre ich hier meinen festen Entschluss, mit Gottes Hilfe ein treuer Soldat der Heilsarmee zu sein.

Frank Heinrichs
Herkunftsfamilie:
Schwester Bärbel,
Vater Hans,
Schwester Christel,
Mutter Ruth, Frank
Heinrich (v. l.)

„Heilsarmee und
Jesus Freaks passen
gut zusammen":
gemeinsame
Aktionen

Predigt beim
ZDF-Open-Air-
Gottesdienst
im Jahr 2007

Mit Volker Beck unterwegs in Algerien im Jahr 2011

An der Drehorgel für die
Heilsarmee in Chemnitz

Rede im Bundestag

Unterwegs in Ghana im Jahr 2010

Familie Heinrich: (v. l.) Regina, Veronica, Janine, David, Irina, Frank

Mit Ursula von der Leyen in Chemnitz im Jahr 2013

Treffen mit Angela Merkel in der Sächsischen Landes-vertretung, Berlin, im Jahr 2017

Treffen mit dem Dalai Lama in Indien im Jahr 2019

8. Chemnitz

Es riecht nach Kamelen. Ich sitze auf einer Holzbank, neben mir eine Reporterin der Chemnitzer Morgenpost. Meine Knie sind wie aus Gummi, nur noch wenige Minuten, dann werde ich in die Manege treten, die sich gut ausgestrahlt vor mir erstreckt. Hinter, neben und über mir sitzen mehr als 200 Besucher aller Altersgruppen. Sie sind an diesem Ostersonntag nicht hierhergekommen, um Akrobaten und Clowns zu sehen. Sie sitzen im ersten Chemnitzer Zirkusgottesdienst. Die Reporterin fragt:

„Herr Heinrich, ich kann das kaum glauben. Jugendliche in einem Gottesdienst? Wie machen Sie das?"

Die Antwort ist: Ich weiß es selbst nicht genau. Bisher habe ich vor 10 bis 15 Gottesdienstbesuchern im Zentrum der Heilsarmee im Stadtteil Kassberg gepredigt, unserem Einsatzort hier in Chemnitz. Dort stehe ich hinter einem Pult, hier mittendrin. Die Augen sind von allen Seiten auf mich gerichtet. Noch ein letztes Mal frage ich mich, warum ich immer so verrückte Ideen haben muss. Dann stehe ich auf und trete ins Rampenlicht.

Wir schreiben Ostern 1998. Regina, ich und unsere vier Kinder leben seit einem Dreivierteljahr in Chemnitz. Neun Monate zuvor standen wir das erste Mal vor einem schlichten zweigeschossigen Haus im Chemnitzer Kassberg. Dieser rechteckige Bau inmitten eher unauffälliger Mehrfamilienhäuser würde künftig unser Zuhause sein, das wussten wir seit unserer Aussendung in Basel. Hier befand sich nicht nur

81

unsere Wohnung, sondern auch eine Sozialarbeit der Heilsarmee, ein Büro und ein Gottesdienstraum. Wir hatten das Haus noch nie zuvor von außen gesehen, geschweige denn betreten. Unser erster Arbeitstag als Pastoren der Heilsarmee war zugleich der Tag unserer ersten Begegnung mit unserer neuen Heimat.

Trotzdem war es für mich auch eine Reise in die Vergangenheit, ins Altenheim meiner Kindheit. Denn schon beim ersten Eintreten in unsere neue Wohnung im ersten Stock erkannte ich: Einmal mehr würde mein privater Lebensraum mitten im Geschehen liegen. Gleich neben unserer Wohnungstür fand sich nämlich der Gottesdienstsaal. Ich wusste es an diesem Tag noch nicht, aber tatsächlich würden sich künftig dann und wann Gäste der Heilsarmee oder Mitarbeiter in unsere Privaträume verirren, so wie damals die blinde Schwester Luise ins Schlafzimmer meiner Eltern. Doch selbst wenn ich es gewusst hätte, es wäre kaum abschreckend für mich gewesen. Ohnehin bot dieser erste Tag in Chemnitz wenig Raum fürs Grübeln. Vier Kinder wollten ihre Zimmer aussuchen, unser Jüngster, David, war gerade 2,5 Jahre alt, die Älteste, Veronica, kam in die dritte Klasse. Wir rückten Möbel, packten Kisten aus und versuchten irgendwie nebenbei zu erfassen, was hier eigentlich vor uns lag. Welche Aufgaben nun kommen würden und wo wir anfangen könnten in unserem neuen Dienst. Klar war: Wir sollten die bestehende kleine Gemeinde von etwa 20 Gottesdienstbesuchern leiten und den Sozialdienst fortführen, der im Wesentlichen aus einem kleinen Café mit Kleiderkammer bestand.

Ich betrat zum ersten Mal unser Wohnzimmer, ging zum Fenster, um hinauszublicken, und sah: nichts. Es war, als wäre dicker Nebel aufgezogen. Doch Schuld war nicht das Wetter, merkte ich einige Momente später. Schon beim Eintreffen hatte ich Bauarbeiten am Haus gegenüber bemerkt, auf das ich jetzt blickte. Es wurde offenbar gerade entkernt, durch eine Röhre rutschten Schutt und Geröll in einen Container im Hof. Doch der Zugang war nicht ganz dicht. Staub zog aus der Röhre, so viel, dass man kaum etwas sehen konnte. Auch auf unseren kreuz und quer im Zimmer herumstehenden Möbeln bemerkte ich einen Dreckfilm. Staub und ein wenig Ruß. Später lernte ich, dass Letzterer typisch für Chemnitz in dieser Zeit war. Und nichts mit akuten Entkernungen nebenan zu tun hatte. Durch die Industrie an den Rändern des Viertels und Kohlekraftwerke jenseits der nahe liegenden Grenze zur Tschechischen Republik hing ein permanenter Schleier über der Stadt. Ein leichter Nebel, wenn man so will. Für mich stand er sinnbildlich dafür, wie sich die Chemnitzer oft gefühlt haben müssen und es teilweise bis heute tun. Als würden sie trotz all ihrer Begabungen, ihrer Kraft und ihres Tatendrangs immer von einem leichten Nebel behindert. Seit immer wieder über rechtsextreme Ausschreitungen in Chemnitz berichtet wird, ist das nicht besser geworden. Doch ich weiß: Die Chemnitzer Seele ist anders, als die Öffentlichkeit glaubt. Bei allen Problemen, die es dort auch gibt.

Der Kassberg hat eine bewegte Geschichte. Einerseits beherbergt der Stadtteil ein großes Jugendstilviertel, die Gebäude sind wunderschön und eine echte Sehenswürdigkeit. Andererseits wurde ein Teil des Viertels lange Zeit gefördert. EU-Gelder flossen etwa in soziale Projekte, unter anderem auch in die Arbeit der Heilsarmee. Es gab dort neben Wohlsituierten auch viele Bedürftige. Viele der Bewohner lebten zur Zeit unserer Ankunft in prekären Verhältnissen. Chemnitz galt einst als das Manchester Deutschlands, also als Maschinenbau-Hochburg. Industrie und Arbeitermentalität prägten die Stadt. Doch im Jahr unserer Ankunft lag die Arbeitslosigkeit bei rund einem Fünftel der Einwohner. Ein schwerer Schlag für die Menschen vor Ort und das merkte man. Nicht nur ihre Geldbeutel, auch ihr Selbstbewusstsein war belastet. Ein guter Ort also für die Heilsarmee.

Den einfachen rechteckigen Bau, in den wir einzogen, hatte die Heilsarmee angemietet. Zurückgemietet trifft es eigentlich eher, denn tatsächlich war das Gebäude vor vielen Jahren im Besitz der Heilsarmee gewesen. Zu DDR-Zeiten war es enteignet worden und die Volkssolidarität war eingezogen. Die Heilsarmee selbst war, wie so viele andere christliche Gruppen damals, verboten. Zur Zeit unserer Ankunft, sieben Jahre nach Ende des Regimes und dem Fall der Mauer, durften die Christen wieder schalten und walten. Zumindest offiziell. Wie ihr Ansehen in einer weitgehend entkirchlichten Gesellschaft war, ist nochmal eine andere Frage. Jahre später, als wir einige Aktionen im Advent planten und dazu Menschen auf der Straße ansprachen, hörte ich den Satz eines Mannes:

„Unfassbar, dass die Christen jetzt auch noch anfangen, Weihnachten für sich zu beanspruchen!"

Er war wirklich aufgebracht ob dieser in seinen Augen unrechtmäßigen Aneignung. Zu der Verwirrung wegen unseres christlichen Hintergrundes kamen noch die Uniformen hinzu. Die sorgten sogar unter Glaubensgeschwistern für Irritation. Einmal, bei einem Gottesdienst der Evangelischen Allianz in Chemnitz, in dessen Rahmen Christen verschiedener Kirchen zusammengekommen waren, flüsterte ein Mann seiner Frau zu: „Warum ist denn die Feuerwehr hier?!" Dabei deutete er auf mich in Uniform. Ich hielt gerade vorne die Andacht und ein Kollege berichtete mir später von diesem Wortwechsel.

Als wir in Chemnitz ankamen, gab es niemanden, der uns an die Hand genommen und uns alles gezeigt hätte. Unsere Vorgängerin hatte gekündigt und war genau einen Tag vor unserer Ankunft gegangen. Wir waren auf uns gestellt. Noch dazu hatte sie uns aber einiges hinterlassen: Neben der Gemeinde zum Beispiel einen Trupp Bauarbeiter, die gerne wissen wollten, was sie zu tun hatten. Gleich an unserem zweiten Tag stand der plötzlich vor uns, denn offenbar waren Umbaumaßnahmen geplant und bereits alles in die Wege geleitet worden. Ich ging mit den Männern in den Keller, wo sie gerade dabei waren, einen Außenzugang anzulegen.

„Was ist mit dieser Stufe, soll die weg?", fragte einer von ihnen und deutete auf eine Schwelle, die genau zwischen zwei Räumen lag.

„Nein", sagte ich, ohne groß nachzudenken. Und traf damit meine erste Entscheidung als Leiter der Chemnitzer Heilsarmee. Sie war wenig aufsehenerregend, aber immerhin, über die Stufe kann man heute noch stolpern. Als ich abends im Bett lag, fühlte ich mich großartig. Ein Abenteuer lag vor uns. Das Adrenalin pumpte durch meinen Körper, es konnte losgehen. Ich war zu allem bereit.

Die erste strukturelle Veränderung, die wir vornahmen, war, die Gottesdienstzeiten zu verändern. Wir verlegten die Feiern in den Nachmittag. Denn die Menschen, die wir ansprechen wollten – Kirchenferne aus sozial schwachem Hintergrund – würden niemals morgens früh zu einer Veranstaltung erscheinen. Und was soll ich sagen: Der erste Gottesdienst lief super! Es war viel los, mehrere Dutzend Leute kamen, alle wollten uns kennenlernen und das Feedback war gut. In der zweiten Woche kamen außer uns als Familie noch zwei weitere Personen in den Gottesdienst. In unserer dritten Woche war es noch eine. Und in Woche vier feierten wir allein in unserem Wohnzimmer einen Familiengottesdienst. Das war unser Einstand. Innerhalb eines Monats hatten wir offenbar sogar die ohnehin wenigen Heilsarmee-Gäste vergrault. Warum? Die, die wir fragten, sagten frei heraus, dass wir ihnen zu jung seien. Die veränderten Gottesdienstzeiten trugen wohl ihr Eigenes dazu bei. Wir ließen uns nicht entmutigen und trafen uns fortan auch dann im Gottesdienstsaal, wenn wir wenige waren. Das Signal war klar: Wir sind hier. Wenn ihr kommen wollt, dann kommt. Und tatsächlich: Irgendwann kamen die Leute.

Es begann damit, dass ein Student aus der Nachbarschaft vorbeikam. Er schlug uns einen Deal vor:

„Ich sehe, ihr habt hier eine Dusche. Wenn ich bei euch duschen kann, dann spiele ich in eurem Gottesdienst Gitarre."

Offenbar lebte der junge Mann in einer WG und dort war keine Dusche eingebaut. Wir stimmten zu und siehe da: Wir hatten unseren ersten Gitarristen. Von diesem Tag an stand er sonntags mit Regina vorne. Ich erinnere mich an einen weiteren Mann, der vor allem deshalb kam, weil wir nach dem Gottesdienst etwas zu Essen angeboten haben. So wuchsen wir langsam und beständig aus den unterschiedlichsten und kuriosesten Gründen. Einer davon, vermutlich der gewichtigste, waren unsere Zirkusgottesdienste.

Ich wusste, dass der Gründer der Heilsarmee, William Booth, früher gelegentlich in einem Zirkus gepredigt hatte. Irgendwie erschien mir das auch für uns eine gute Idee. Als eines Tages ein Zirkus in unserer Stadt haltmachte, fuhr ich einfach hin. Es war kurz vor Ostern und ich wusste, dass an Karfreitag keine Vorstellung geplant war. Eine gute Gelegenheit für die Heilsarmee, dachte ich und fragte die Frau am Schalter, ob es im kommenden Jahr eventuell möglich wäre, das Zirkuszelt für einen Gottesdienst zu benutzen. Die Dame erklärte mir, dass keineswegs klar sei, ob der Zirkus in einem Jahr wieder in Chemnitz sein würde. Und im Jahr darauf? Ich bekam nicht viel mehr als ein Schulterzucken.

Als ich mich gerade umdrehte, um zurück zu meinem Auto zu gehen, rief sie mir hinterher:

„Aber wie wäre es denn dieses Jahr?"

Ihre Worte trafen mich wie ein Schlag. Innerhalb weniger Tage einen Gottesdienst für Hunderte Menschen auf die Beine zu stellen – bei allem Enthusiasmus, das erschien mir doch etwas zu ambitioniert.

„Ich muss da eine Nacht drüber nachdenken", sagte ich. Aber wer mich etwas kennt, der weiß schon, wie ich am Ende antwortete: mit Ja! Eine solche Chance konnten wir uns einfach nicht entgehen lassen. Und so kam es, dass wir schließlich in der Manege standen – am Ostersonntag statt am Karfreitag. Nicht einmal eine Stunde zuvor war die letzte Zirkusvorstellung zu Ende gegangen. Die Zirkusmitarbeiter rechten einmal das Sägemehl in der Manege durch, um den Dreck der Tiere zu entfernen. Der Geruch blieb trotzdem. Ich übernahm an diesem Nachmittag die Moderation, ein Gastprediger aus unserer Offiziersschule in Basel kam und die Musik lief wie in einem ganz normalen Gottesdienst bei der Heilsarmee auch. Zufällig war eine Jugendtanzgruppe einer befreundeten christlichen Missionsorganisation in der Stadt. Ich bat sie im Vorfeld um einen Auftritt und sie sagten zu.

Der Zirkusgottesdienst war ein voller Erfolg. In der nächsten Ausgabe titelte die Zeitung „Freie Presse" in Chemnitz: „Manege frei für Jesus Christus". Was hätte uns Besseres passieren können? Künftig gab es jährlich solch eine Großveranstaltung. Wir arbeiteten mit unterschiedlichen Zirkussen zusammen, je nachdem, wer gerade in der Stadt war. Es dauerte nicht lange, da wurde das lokale Fernsehen auf uns aufmerksam. Unsere Gottesdienste wurden dann sogar übertragen. Mit wachsendem Erfolg wurden wir mutiger. Wir arbeiteten gezielt mit dem Zirkuspersonal zusammen. Als ich einmal über Vertrauen predigte, ließ ich eine Gruppe

Akrobaten auftreten, um das Gesagte zu untermauern. Auch Clowns waren einmal mit dabei. Ich glaube, nichts hat uns in Chemnitz bekannter gemacht als die Zirkusgottesdienste. Es hat geholfen, das Image der Heilsarmee dort zu verändern. Wir waren nicht mehr eingestaubt und eigenartig. Sondern wir waren die mit dem Zirkus. Unsere regulären Gottesdienste wurden ebenfalls immer besser besucht. Und dann, einige Monate nach unserem ersten Zirkusgottesdienst, kamen die Jesus Freaks zu uns.

Die Jesus Freaks sind so etwas wie die Punks unter den Christen. Gegründet wurde die Bewegung 1992 durch den Theologen Martin Dreyer. Er wollte all jenen eine christliche Heimat bieten, die sich in herkömmlichen Kirchengemeinden nicht wohlfühlen würden. Punks etwa oder anderen subkulturellen Gruppen. Das zeigte sich in der Musik und der Form der Bewegung. Statt ruhiger Lobpreismusik oder Kirchenorgelliedern spielten die Freaks Punk- und Rockmusik mit christlichen Texten. Ihr Abendmahl feierten sie manchmal mit Cola und Chips statt mit Brot und Traubensaft. Und ihre Gottesdienstorte glichen eher Kellerbars als herkömmlichen Kirchen.

Nun waren diese Jesus Freaks in Chemnitz auf der Suche nach einem Gottesdienstraum für den Winter, sie selbst trafen sich draußen und das wurde langsam zu kalt.

„Dürften wir vielleicht in euren Keller?", fragten sie uns. Ich zögerte nicht und sagte zu. So entstand eine ebenso ungewöhnliche wie verrückte und gesegnete Kirchenkombination: Wir, die uniformierten und gediegenen Heilsarmee-Offiziere und -mitarbeiter, arbeiteten zusammen mit den Freaks.

Wie passte das zusammen? Sehr gut! Ich habe in diesem Buch viel darüber erzählt, wie die Heilsarmee wirklich ist. Ein nach außen zwar eher gesetzter Verein mit klarer Hierarchie. Aber nach innen eben auch ein Ort, der sehr viel Freiheit bietet, der fortschrittlich ist, etwa in der Frauenfrage, und der vor allem eines will: Menschen erreichen, die schwer zu erreichen sind. Wenn man das weiß, dann ist es eigentlich gar keine Frage mehr, ob Freaks und Heilsarmee zusammenpassen.

So zogen die Jesus Freaks also in unseren Keller. Wir richteten den Raum gemeinsam her, statteten ihn mit Couchen und Sesseln aus, bauten eine kleine Theke ein, und schon bald sah der Gewölberaum aus wie ein Berliner Club. Genau richtig also für unsere neuen Untermieter. Die veranstalteten künftig ihre Jesus-Abhäng-Abende, denn so nannten sie ihre Gottesdienste, dort unten. Und wir feierten unsere oben. Nachdem wir das einige Monate lang so gemacht hatten, merkten wir: Das klappt richtig gut. Und schlossen uns zur ersten und einzigen Heilsarmee-Jesus-Freak-Gemeinde zusammen.

Ich habe an anderer Stelle geschrieben, dass ich wohl Barkeeper geworden wäre, wenn es mich nicht in den Bundestag beziehungsweise die Kirche getrieben hätte. Folglich war einer meiner ersten Arbeitsschritte in Chemnitz neben der Inklusion der Freaks der Einbau einer Bar. Im Erdgeschoss entstand eine Theke mit Sitzmöbeln drumherum, später ein Nebenraum mit Billardtisch und irgendwann auch noch ein Zimmer mit Spielekonsole. Wir hatten damals so knappe Finanzen, dass wir die Wände mit Zeitungspapier tapezierten. Das war aus der Not geboren, wir konnten uns keine Tapete leisten, aber es sah wirklich nicht schlecht aus. Je mehr unsere Arbeit wuchs, desto mehr Menschen verirrten sich zu uns. Irgendwann meldete sich der erste ehrenamtliche Mitarbeiter für die Bar. Er kochte nach dem Gottesdienst Kaffee. Das war die Geburt des Clubs „Heilse". Über die Jahre fanden die Jugendlichen der Gegend hier eine Art zweites

Zuhause. Der Name ist streng genommen ihre Erfindung. Denn wenn sie auf der Straße gefragt wurden, wo sie hinwollten, dann riefen sie ihren Freunden zu:

„Ich geh' zum Club Heilse."

Vor allem natürlich, weil niemand gerne sagte, dass er zur Heilsarmee unterwegs war, das klang einfach nicht sehr cool. Uns störte es nicht, im Gegenteil. Dann eben „Heilse". Hauptsache, die Leute kamen. Und das taten sie. Unser Café wurde ihr Wohnzimmer und zeitweise waren bis zu 90 Gäste zugleich in unseren Räumen. Es war proppenvoll. Und so vieles erinnerte mich an „Die Insel" in Freiburg. Einmal stürzte zum Beispiel eine Gruppe jugendlicher Randalierer in den Club. Sie waren spätabends durch die Straßen gezogen, hatten Außenspiegel von Autos abgetreten, Telefonzellen demoliert und eine Schaufensterscheibe eingetreten. Die Jungs waren betrunken und versuchten, ein Auto aufzubrechen. Dabei verletzte sich einer von ihnen an der Hand. Nachdem sie einen Verbandskasten aus einem weiteren Auto gestohlen hatten, kamen sie zum Club „Heilse". Sie kannten uns und wussten, dass der Mitarbeiter, der an diesem Abend Dienst hatte, ausgebildeter Krankenpfleger war. Dieser verband die Wunde, unterdessen klingelte bei mir das Telefon. Am anderen Ende war die besorgte Mutter eines der Jungs.

„Wissen Sie, wo er ist?" Ich antwortete mit „Ja" und gab Entwarnung. „Ihr Sohn ist aber etwas angetrunken", sagte ich.

„Was? Nein, der trinkt doch keinen Alkohol!", entgegnete die Mutter überrascht.

Nun ja, manchmal lernten wir eben andere Seiten unsere Gäste kennen als die, die sie zu Hause preisgaben. Einerseits war das bedauerlich, weil es sie selbst in schwierige Situationen brachte und in diesem Fall sogar der Besitz anderer beschädigt wurde. Dennoch zeigte es auch, dass sie uns vertrauten. Ihre Wunden zu verbinden, aber eben auch, ihnen beizustehen, selbst wenn sie Mist gebaut hatten.

Die Jugendlichen kamen immer wieder zu uns. An einem Abend eskalierte die Gewalt, sie drohten uns Mitarbeitern und wir mussten das Café schließen. Auf der Straße pöbelten sie weiter und schlugen einen der Nachbarn schließlich sogar mit einer Holzlatte, die sie aus einem Zaun gebrochen hatten. Wir überlegten, wie wir beschwichtigend wirken könnten und entschieden uns für das, was wir am besten konnten: Wir kochten Kakao. Bewaffnet mit einer großen dampfenden Kanne gingen wir raus und verteilten Becher. Unsere Strategie wirkte, die Jugendlichen kamen etwas zur Ruhe und stellten sich zu uns. Einer fragte:

„Warum macht ihr das denn noch, nach allem, was wir angestellt haben?"

Eine unserer Mitarbeiterinnen, sonst nicht für ihre derbe Sprache bekannt, aber durchaus gebeutelt von dem anstrengenden Abend, brachte es auf den Punkt:

„Weil wir euch lieben, du Wichser."

Ich habe einige dieser Jugendlichen immer mal wieder auch in unseren Gottesdiensten gesehen. Manche kamen sogar mit zu einer Jugendfreizeit, die wir später gemeinsam besuchten. Ich bin mir sicher, dass weder der Kakao in dieser Nacht noch irgendein Abend im Club „Heilse" vergeblich war.

Doch uns war klar, dass wir mit einem solchen Café immer noch nicht alle Menschen erreichen konnten, die uns am Herzen lagen. Für viele ist die Schwelle zu den Räumen einer christlichen Organisation zu hoch, selbst wenn es dort Essen, Trinken und nette Leute gibt. So gründeten wir „McTurtle". Ich weiß heute nicht mehr genau, wer auf den Namen kam, aber ich erinnere mich gut daran, wie ich mit einer Mitarbeiterin unser Logo entwarf und schließlich auf die Fahrertür eines eigens dafür angeschafften Autos klebte: eine die Arme ausbreitende lächelnde Schildkröte.

Die Idee dahinter war eigentlich simpel: Wir fuhren zu Kindern in anderen Bezirken der Stadt und veranstalteten mit ihnen Sonntagsschulen. Also kindgerechte kleine Gottesdienste mit viel Musik, Puppentheater und einer positiven Botschaft. Vorbild war die Arbeit des Amerikaners Bill Wilson und seiner Organisation Metro Ministries. Nachdem er selbst als Junge ausgesetzt worden war, entschied sich der Pastor als Erwachsener, benachteiligten Kindern zu helfen, die Tag für Tag Ähnliches erleben mussten. Mit Bussen organisierte er Fahrten in armutsgefährdete Stadtteile und sammelte dort die Kinder ein, um einen zentralen Kindergottesdienst mit ihnen in der Nähe ihres Wohnortes zu veranstalten. Er begann seine Arbeit in Florida, Metro Ministries gründete er schließlich im New Yorker Stadtteil Brooklyn. Später wurde seine Organisation in Metro World Child umbenannt und arbeitet heute weltweit.

Wir begannen mit den Veranstaltungen in einem Teil des ehemaligen Fritz-Heckert-Gebiets, einem Quartier mit hoher Armutsrate. Dutzende Kinder und Jugendliche kamen, so viele, dass wir bald nicht nur die Arbeit erweiterten und McTurtle auch am Kassberg anboten. Sondern wir mieteten auch weitere Räume an. Die Heilsarmee bekam eine zweite Chemnitzer Dependance im „Heckert-Gebiet". Wer hätte das gedacht, nach unserem zurückhaltenden Start mit null Gottesdienstbesuchern im Jahr 1997.

Doch neben all dem sozialen Engagement waren es auch einige öffentlichkeitswirksame Aktionen, die uns Zulauf brachten. Zum Beispiel unsere Zirkusgottesdienste. Oder unsere Drehorgelaktion nach Schweizer Vorbild.

Es sind viele Puzzleteile, die sich schließlich zusammengesetzt haben und dazu führten, dass die Arbeit der Heilsarmee in Chemnitz eine Erfolgsgeschichte wurde. Was war unser Geheimnis? Ich denke, unsere Blauäugigkeit. Und dass wir uns trauten, ein bisschen verrückt zu sein. Es gab bei uns nie Undenkbares. Wir haben alles ausprobiert und wenn es funktionierte und zu uns passte, dann haben wir weitergemacht. Regina ist die geborene Innengestalterin und Architektin, sie hat maßgeblich dazu beigetragen, dass wir das alte Heilsarmee-Haus umgestalten und erneuern konnten. Bis heute ist sie bei uns diejenige, die die Bauarbeiten leitet, auch privat. Ich komme aber gern zu Hilfe, wenn ein Fenster ausgestemmt oder eine Wand herausgebrochen werden muss.

Es waren also einerseits unsere Talente, aber wir konnten auch gut delegieren. Ich habe damals regelmäßig Leadership-Kurse gegeben, um jungen Menschen zu helfen, selbst Kirche zu gestalten. Das hat nicht nur mich entlastet, weil ich am Ende Aufgaben abgeben konnte. Es hat auch dazu geführt, dass unsere Arbeit immer kreativ war. Sie lebte auch von den Ideen derer, die mit uns unterwegs waren.

Und nicht zuletzt haben wir immer gebetet. Schon an einem unserer ersten Tage in Chemnitz trafen wir uns gemeinsam mit meinem Vater, der zum Helfen angereist war, und mit einem befreundeten Pfarrer in unserem neuen Wohnzimmer und beteten. Im Laufe der ersten Wochen erkannte ich, dass Chemnitz neben aller atheistischen Prägung auch eine lebendige Gemeindekultur hatte. Vielleicht ist es ein Erbe der DDR-Zeit: Die Kirchen in Chemnitz haben keine Probleme damit zusammenzuarbeiten. Es gibt kaum eine Trennung. Christen sind Christen, egal ob sie aus der Heilsarmee oder der Landeskirche oder einer Brüdergemeinde kommen. Ich denke an einen Nachmittag, es muss einer unserer ersten Tage in der Stadt gewesen sein. Ich war zu Gast bei einem evangelischen Pfarrer und ehe ich mich versah, saß ich mit Christen unterschiedlicher Denominationen im Garten, wir tauschten uns aus über unsere Nöte und Wünsche – und beteten inbrünstig füreinander. Ganz frei und informell, ohne vorgefertigte Fürbitten.

Regina und ich sind mittlerweile zu echten Sachsen avanciert. Im Laufe der Jahre haben wir die verschiedenen sächsischen Dialekte kennen- und lieben gelernt. Da ist das eher dezente Chemnitzerisch, das singende Dresdnerisch oder das breite Leipzigerisch. Einige Jahre nach unserer Ankunft in Chemnitz sagte ein Pfarrer mal zu mir:

„Wie, du bist aus dem Westen?"

Das war ein tolles Kompliment für mich, zeigte es doch, wie gut wir uns eingefunden hatten und das, obwohl wir die Region anfänglich kaum kannten. Vielleicht wurde da schon der Grundstein dafür gelegt, dass ich später ausgerechnet für diese Stadt in den Bundestag einziehen sollte. Wenn ich heute über die Chemnitzer spreche, dann benutze ich das Wort „Wir". Ich gehöre dazu. Es ist meine Heimat und zugleich wohl der Ort, der mich am stärksten geprägt hat. Die Heilsarmee Chemnitz und was wir dort alles aufbauen durften, ist Dreh- und Angelpunkt meines Lebens. Nicht von ungefähr haben wir uns dazu entschieden, dort zu bleiben.

Einige Jahre nach meinem Einzug in den Bundestag kauften Regina und ich ein altes Bauernhaus, das wir bis heute mit unseren eigenen Händen aufbauen und restaurieren. Vor allem dank meiner Frau ist dort schon ein echtes Zuhause entstanden mit bunt tapezierten Wänden und einem großen Garten, in dem ich gerne meine Zigarillos rauche. Doch die Arbeit hört nie auf: Gerade legen wir einen Teich an und unsere zweitälteste Tochter Janine zieht bald mit ihrer Familie nach nebenan. Täglich hämmert und bohrt jemand hinter der Wand meines Arbeitszimmers. Dort, wo einst der Kuhstall des Hofs lag, werden bald drei kleine Kinder toben und nach Opa rufen. Das ist mein Chemnitz heute. Meine Heimat, ohne die ich niemals in den Bundestag eingezogen wäre und nie die Chance bekommen hätte, die Welt zu bereisen. Um mich daran zu erinnern, habe ich mir in unserem Haus ein Afrika-Zimmer eingerichtet. Dort stehen meine Bücher, das Bild eines Löwen ziert die eine Wand, eine Weltkarte die andere. Manchmal setze ich mich in den gemütlichen Ohrensessel, der dort steht, und erinnere mich an Nigeria, Indien, die Zentralafrikanische Republik oder Vietnam.

9. Verfolgte Christen und ein Gebet mit dem Dalai Lama

Mittlerweile bin ich tatsächlich buchstäblich einmal um die ganze Welt geflogen. Das hatte vor allem mit meiner Arbeit im Menschenrechtsausschuss zu tun. Und weil ich im dritten Jahr meiner Abgeordnetentätigkeit Afrika als Berichterstatter-Thema zugewiesen bekam. Ich erinnere mich noch gut, wie Erika Steinbach, damals Sprecherin des Arbeitskreises Menschenrechte bei der Union, an mir vorbeiging und ganz nebenbei sagte: „Herr Heinrich, Afrika ist frei geworden, wollen Sie das haben?" Zuvor war ich für Nordamerika zuständig gewesen. Mein Herz machte einen großen Satz, als ich das Wort Afrika hörte. Ich glaube, es dauerte keine zwei Sekunden, da hatte ich schon Ja gesagt. Allein schon aus Angst, Steinbach würde sonst jemand anderen fragen.

Ich weiß bis heute nicht genau, woher meine Faszination für diesen Kontinent kommt. Bis zu meiner Arbeit im Bundestag war ich außer einer Reise nach Tunesien nie dort gewesen. Und die Tunesien-Reise war eher touristischer Natur. Südafrika, Kongo, Mali und Botswana – all diese Länder waren mir fremd und doch nah. Denn als ich ein Kind war, hatten wir oft Missionare aus Afrika zu Gast. Sie saßen an unserem Abendbrottisch, berichteten von Sonne, Wüste, Dschungel, fremden Bräuchen und eigenwillig anmutendem Essen und ich war hin und weg. In einem der ersten Kapitel habe ich erzählt, dass Reinhard Bonnke hin und wieder im Altenheim zu Gast war. Auch das mag mich beeinflusst haben, immerhin sprach Bonnke auf dem Kontinent vor Millionen von Menschen. Bis heute habe ich 23 afrikanische Länder bereist. An meiner Faszination hat sich nichts geändert. Mein Herz schlägt im Takt von Johannesburg und Nairobi, von Tripolis und Addis Abeba, von Dschibuti und Windhoek. Als ich das erste Mal als Abgeordneter im Flieger nach Ghana saß, um eine christliche Organisation zu besuchen, die Mikrokredite organisiert, liefen mir die Tränen über die Wangen, so bewegt war ich. Afrika, das ist mein Sehnsuchtskontinent. Auch wenn ich dort neben viel Schönem auch unglaublich viel Leid gesehen habe.

Wir schreiben das Jahr 2014. Ich sitze in einer Kirchenbank mitten im nigerianischen Nirgendwo. Die harte hölzerne Lehne stemmt sich gegen meinen Rücken, in meiner Hand halte ich ein abgenutztes rotes Gesangbuch. Ich schlage es auf und sehe einen Geldschein. Er war wohl für die Kollekte gedacht, doch er war niemals im Klingelbeutel gelandet. Als ich aufsehe, fällt mein Blick auf den zerstörten Altar, ganz vorne im Kirchenschiff. Sein Holz ist gesplittert, so als hätte jemand in blinder Wut auf ihn eingeschlagen. Durch das Dach fällt Licht in den Innenraum. Nicht, weil das so gedacht wäre. Nein, es ist durchlöchert, einsturzgefährdet. Im Gang liegen mehrere Trommeln. Musik werden sie nicht mehr erzeugen. Ihre Felle sind aufgeschlitzt.

Wenige Tage vor meinem Besuch hier ist die Kirche überfallen worden. Mitten im Sonntagsgottesdienst stürmte eine Gruppe umherziehender Fulani den Ort. Die Fulani sind muslimische Nomaden, doch bei ihren Überfällen geht es selten um Religion. Sie plündern und stehlen und wer sich ihnen nicht anschließt, wird verjagt. Deshalb ist die Kirche nun ein Ort der Trauer. Und der Ort, in dem sie steht, eine Geisterstadt. Nicht nur die Einwohner sind verschwunden, geflohen und vertrieben, auch die Ernte ist weg. Das war wohl der Grund für den Überfall.

Als ich nach langer Zeit aufstehe und zu meiner kleinen, ungewöhnlichen Reisegruppe zurückgehe, stecke ich das Gesangbuch ein. Ich will es mitnehmen als stumme Erinnerung an das Leid, das ich gesehen habe. Aber auch daran, dass nicht alles, das wie Christenverfolgung anmutet, auch wirklich welche ist. Letztlich ist das einer der wichtigsten Gründe dafür, dass ich vor Ort bin, obwohl die Reise nach Nigeria gefährlich ist: Ich will mit eigenen Augen sehen, was hier geschieht. Ich will die Hintergründe verstehen. Und so nach Deutschland zurückkommen und etwas verändern helfen. Am 6. November, kurz nach meiner Rückkehr, werde ich das Gesangbuch mit in den Deutschen Bundestag nehmen. Ich werde es bei einer Rede den Abgeordneten zeigen, als Mahnung. „Dinge, die uns zum Weinen bringen müssen", werde ich sagen. Und eine humane Flüchtlingspolitik fordern. „Das vorrangige Ziel von Politik muss sein, dass Menschen in Frieden ihre Lieder singen und ihre Gebete sprechen dürfen."

Meine Reise habe ich mit Verantwortlichen der christlichen Organisation „Jugend mit einer Mission" angetreten. Sie ist im Land gut vernetzt und kann mich an Orte bringen, die andere nicht sehen. Und ihre Mitarbeiter kennen die Politiker und Verantwortlichen im Land. So gut, dass mich Soldaten des Präsidenten auf dieser Reise begleiteten. Dennoch bin ich auf eigene Verantwortung hier. Noch wenige Tage zuvor saß ich zusammen mit Beamten des BKA in meinem Berliner Büro. Sie wiesen mich auf die Schwierigkeiten hin, die die Reise mit sich brächte. Darauf, dass meine Sicherheit wegen des anhaltenden Terrors der Gruppe Boko Haram nur dann halbwegs gewährleistet werden könnte, wenn ich von BKA-Mitarbeitern begleitet würde und wenn die Reise von langer

Hand geplant würde. Das Problem war nur: Mein Flieger ging schon in den nächsten Tagen! Ich stand also vor der Frage: Absagen und die Chance, mit einer mir vertrauten Organisation Einblicke in das Land zu bekommen, ziehen lassen. Oder das Risiko einzugehen, mein Leben aufs Spiel zu setzen, aber dafür zu erleben, was die Menschen dort bewegt. Ihr Leid mitzuempfinden und es möglicherweise lindern zu können. Zu fühlen, zu riechen und zu schmecken, wovon ich später im Parlament berichten würde und worüber ich abstimmte.

Ich entschied mich für Letzteres. Auch deshalb, weil ich noch nie ein großer Zweifler war. Ich denke, Gott geht mit mir seinen Weg. Und wenn er mir Gelegenheiten bietet, dann tue ich mich schwer damit, sie auszuschlagen. Dennoch verbrachte ich den letzten Abend vor der Reise damit, ein schnelles Testament zu kritzeln. Nur für den Fall. Habe ich später in Nigeria dafür gebetet, dass mir nichts geschieht? Eher weniger. Ich habe darauf vertraut, dass Gott mit mir ist. Und dass er mich führt, damit ich an der richtigen Stelle das Richtige sage. In meinem Bundestagsbüro hing damals ein Spruch über meinem Arbeitsplatz: Carpe diem. Nutze den Tag. Das wollte ich tun. Ich glaube, ich habe mehr Angst davor, in meiner Freizeit im Grand Canyon in einen Skorpion zu treten und dabei einen sinnlosen Tod zu sterben, als in einem Krisengebiet beim Einsatz für Schwache und Verfolgte mein Leben zu lassen.

Der eigentliche Anlass meiner Reise waren die entführten Mädchen von Chibok. Mancher mag sich daran erinnern: In der Nacht vom 14. auf den 15. April 2014 verschleppten Islamisten von Boko Haram im Nordosten Nigerias 276 überwiegend minderjährige Schülerinnen. Im Laufe der folgenden Wochen wurde bekannt, dass viele von ihnen zwangsverheiratet oder als Sexsklavinnen missbraucht wurden. Manche entkamen im Laufe der folgenden Jahre. Manche wurden freigelassen. Von vielen hat man nie wieder etwas gehört.

Die Kirche, von der ich berichtet habe, lag lediglich auf unserem Weg. Ich kam zufällig daran vorbei. Und doch werde ich sie nie wieder vergessen. Unsere Gruppe war auf dem Weg in die Provinzhauptstadt Jos, wo wir uns mit Repräsentanten christlicher Kirchen treffen wollten. Als wir dort ankamen und ich diese Glaubensgeschwister erlebte, mich mit ihnen unterhielt und von ihren Wünschen und Träumen hörte, war ich bewegt wie selten zuvor. Das Erste, was sie zu mir sagten, war:

„Sie sind der erste Politiker aus dem Westen, der hierherkommt und uns anhört."

Wow. Ich erklärte mir das vor allem mit den strengen Sicherheitsregularien, die ich so leichtsinnig übergangen hatte. Die Christen gaben mir einen einhundertseitigen Bericht mit nach Hause, in dem Morde, Folter und Drangsal durch Islamisten minutiös aufgelistet waren. Zurück zu Hause übergab ich den Bericht gleich meinem Fraktionschef Volker Kauder, der sich mehr als alle anderen in der Union gegen Christenverfolgung stark machte. Ich wusste, in ihm hatten die Christen in Nigeria einen noch stärkeren Fürsprecher als in mir. Während unseres Treffens in Jos sagte ein Pastor etwas zu mir, das ich nie wieder vergessen habe:

„Sagen Sie den Christen in Ihrem Land, dass sie nicht vergessen sollen, auch für Boko Haram zu beten."

Was für ein Gottvertrauen spricht aus diesen anderthalb Sätzen. Andere würden fordern, Bomben zu werfen. Diese Glaubensgeschwister forderten etwas, das wirklich jeder jederzeit geben kann: Fürbitte, auch für den Feind.

Nach dieser Begegnung fühlte ich mich aus mehreren Gründen in meiner Entscheidung bestätigt, die gefährliche Reise angetreten zu haben. Erstens war ich dankbar für das Gespräch mit diesen Menschen. Die Eindrücke. Und Zweitens war ich mir in diesem Moment sicher: Sie hätten vielleicht weniger offen gesprochen, wenn ich von einer Entourage von Beamten begleitet worden wäre. Auf dem Weg zurück ins Hotel klingelte plötzlich das Handy unseres Fahrers. Sekunden vorher hatte er aus dem Fenster gezeigt und uns so erklärt, wo vor wenigen Wochen eine Bombe explodiert war. Nun schallte plötzlich das damals populäre Lied „Barbie Girl" als Klingelton durch den Van. „Ich bin ein Barbie-Mädchen in einer Barbie-Welt", sang die Frontfrau der Gruppe Aqua in ohrenbetäubend hoher Stimmlage. Das war in diesem Moment, in diesem Land, in dieser Situation so absurd, dass sowohl der Fahrer selbst als auch ich und meine zwei Begleiter von „Jugend mit einer Mission" in Gelächter ausbrachen. Später im Hotel erlebte ich die Verrücktheit der zwei Welten, in denen ich mich bewegte, erneut. Ich legte mich in mein fein bezogenes Bett und machte den Flachbildfernseher an. Wohl wissend, dass wenige Kilometer entfernt Menschen lebten, die alles verloren hatten. Ihr Haus, ihren Gebetsort, ihre Ernte, ihre Kinder. Die Welt ist gelegentlich kaum zu begreifen. Aber das sieht nur, wer vor Ort ist. Und manchmal muss man sich dafür eben in potenzielle Gefahr bringen. Das habe ich schon als Jugendlicher in Rumänien und als Sozialarbeiter bei der Heilsarmee gelernt.

Nigeria war bei Weitem nicht die einzige Reise, die bei mir Spuren hinterlassen hat. Und auch nicht die Einzige, bei der es gefährlich wurde. Einige Jahre später flog ich in die Zentralafrikanische Republik. Geplant war ein Treffen mit dem Präsidenten, vor allem aber wollte ich zu einer Gruppe, die ein interreligiöses Gebetshaus in der Hauptstadt betrieb.

Etwas Ähnliches ist auch in Berlin mit dem House of One seit vielen Jahren am Entstehen und ich freute mich auf den Erfahrungsaustausch. Am Morgen vor diesen Begegnungen besuchte ich ein Flüchtlingscamp an der Grenze zu Uganda. Dort lebten vor allen Dingen Binnenvertriebene, Menschen, die der Gewalt bestimmter Gruppen zum Opfer gefallen waren, die in den umliegenden Regionen Kindersoldaten rekrutierten. Ich besuchte die Essensausgabe und sprach mit den Verantwortlichen. Später traf ich eine junge Frau, die ein Fußballteam, bestehend aus ehemaligen Kindersoldaten, trainierte. Sie selbst war vor vielen Jahren entführt und einer Gehirnwäsche unterzogen worden. Man brachte ihr bei, ihre Eltern, ihre Familie, ihr Dorf zu hassen. Und im Zweifel auf diese Menschen zu schießen. Doch sie konnte fliehen. Und sie hat die Gewalt überwunden. Ihre eigenen Erfahrungen gab sie nun mithilfe des Sports an andere Kinder weiter. Ich war tief beeindruckt von den Begegnungen. Auf der Fahrt zurück ins Hotel hob unser Chauffeur plötzlich die Hand. Er sagte nicht viel, aber brachte das Auto langsam an einer Straßenecke zum Stehen. Wir waren gerade in einem Vorort der Hauptstadt, vor uns lag eine langgezogene uneinsichtige Kurve. Aus irgendeinem Grund gefiel ihm das nicht. Er wendete und nahm einen Umweg. Später hörten wir, dass direkt hinter der Kurve tatsächlich eine Straßensperre errichtet worden war. Von wem und zu welchem Zweck: keine Ahnung. Aber eines war sicher: Das hätte gefährlich werden können. Nicht selten warten hinter solchen Barrikaden Gruppen Bewaffneter, die Autos angreifen. Und nicht nur das. Am nächsten Morgen beim Frühstück kam einer meiner Begleiter zu mir. Mit ernster Miene berichtete er mir das Neueste aus dem Flüchtlingscamp:

„Gut, dass Sie gestern und nicht heute da waren. Es gab eben eine Schießerei bei der Essensausgabe."

Eine Miliz hatte das Camp überfallen. Es gab rund ein Dutzend Verletzte. Das schockierte mich, obwohl bis zu meiner Abreise nicht klar war, ob unter den Opfern auch Menschen waren, die ich persönlich kennengelernt hatte. Ich realisierte erneut: Bei solchen Reisen kann es jederzeit ernst werden. Wäre unser Besuch nur einen Tag später gewesen, hätte ich tot sein können. Und hätten wir nicht so einen umsichtigen Fahrer gehabt, wären wir möglicherweise entführt worden.

Eines der besonderen Wunder, die ich auf solchen Reisen immer wieder erlebt habe, ist das Bröckeln von Parteigrenzen. Gerade bei Reisen, die durch den Ausschuss organisiert sind, ist man meistens mit Abgeordneten anderer Fraktionen unterwegs. Und gerade dann, wenn die Reisen gefährlich, ungemütlich oder besonders bewegend sind, spielt es auf einmal gar keine Rolle mehr, welcher Partei man angehört. Ich erinnere mich an eine Situation in Eritrea. Ich saß mit einem einheimischen Christen in der Lobby unseres Hotels, wir unterhielten uns angeregt. Ich blickte mich um und sah zwei Tische weiter zwei Kollegen sitzen, die mit mir unterwegs waren: Eine Politikerin der Linken und einen Abgeordneten der AfD! Sie sprachen miteinander, als gäbe es nichts Selbstverständlicheres, tranken ihr Bier und verstanden sich offenbar ganz gut. Ich bin mir sicher, zurück in Berlin haben sie einander wieder genauso gemieden wie zuvor. Aber das ist eben das Besondere auf Reisen: Alle Abgeordneten erleben dieselben Stürme, dieselbe Hitze, sie treffen dieselben Menschen, stehen vor derselben Not. Diese Erlebnisse bringen uns auf Augenhöhe, egal wo wir herkommen und wie wir politisch ticken. Ich habe immer versucht, dieses Gefühl mit nach Berlin zu nehmen. Manchmal ist es mir geglückt. Und manchmal nicht.

Im Osten des Kongo habe ich einmal ein Kind getroffen dessen Augen nicht blind waren, sondern tot. Ich saß dem Mädchen gegenüber und egal, was ich tat, es zeigte keine Regung. Später erfuhr ich, dass dieses Kind bereits als Baby seine Mutter verloren hatte. Die Frau war von Soldaten erschossen worden, als sie ihre Tochter auf dem Arm hielt, stürzte in ein Massengrab und bedeckte das Kind mit ihrem Körper. Das Baby überlebte nur, weil seine Tante später zu dem Grab ging und auf wundersame Weise sah, dass sich unter ihrer toten Schwester etwas bewegte. Als das Mädchen älter war, verlor es seine Tante auf ähnlich tragische Weise. Wie soll man Augen und Herzen, die solches erlebt haben, je wieder zum Lachen bringen?

Können wir als Politiker etwas gegen solches Leid tun? Oder ist alles, was wir unternehmen, nur ein Tropfen auf den heißen Stein der Ungerechtigkeit in dieser Welt? Bis heute habe ich die Hoffnung nicht aufgegeben, dass ich etwas bewegen kann. Dass sich das Schiff, wenn auch nicht wenden, dann wenigstens um ein paar Grad in eine andere Richtung drehen lässt. Frage ich mich, warum Gott das Leid zulässt? Nein, ich frage mich, warum wir es zulassen. Warum wir Menschen das göttliche Potenzial in uns nicht genug nutzen, um die Welt zu einer gesünderen und besseren zu machen. Aber ich wäre kein Optimist, wenn ich nicht auch sehen würde, dass die Welt in vielen Bereichen stetig besser wird. Betrachten wir den Lauf der Menschheitsgeschichte, dann gibt es immer mehr Demokratien, immer weniger Gewalt, immer weniger Kriege. Der jüngste Angriffskrieg Russlands gegen die Ukraine mag unseren Blick trüben und auch die in vielen Ländern aufstrebenden und erfolgreichen Populisten in den Regierungen. Doch Zukunftsforscher wie Matthias Horx machen immer wieder klar: Insgesamt geht es bergauf. Noch nie war die Welt so friedlich wie heute. Das will ich mir immer wieder vor Augen führen. Und ich will es verbinden mit der christlichen Erkenntnis, dass diese Welt nicht die letzte ist. Dass uns eine Zukunft erwartet, die so viel besser sein wird als alles, was wir hier erleben, und alles, was ich auf meinen Reisen sehen durfte und miterleben musste. Trotzdem höre ich nicht auf zu beten für eine bessere diesseitige Welt. Und versuche an der Stelle und mit den Gaben, die Gott mir gegeben hat, einen Unterschied zu machen. Ganz nach jenem Motto, das dem Reformator Martin Luther zugeschrieben wird: „Wenn ich wüsste, dass morgen die Welt unterginge, würde ich heute noch ein Apfelbäumchen pflanzen."

Und tatsächlich bewegen wir Politiker manchmal ganz unmittelbar etwas. Einmal traf ich die Mutter einer Frau, die in Vietnam inhaftiert war. Sie hatte nicht wirklich etwas verbrochen, hatte einfach an einer Demo teilgenommen und Flyer verteilt. Aber in Unrechtsstaaten reicht manchmal schon das, um im Gefängnis zu landen. Ihre Mutter hatte sich immer wieder an die Öffentlichkeit gewandt und versucht, ihre Tochter im Gefängnis zu besuchen. Keine Chance. Nach dem Gespräch mit ihr wandte sich mein Büro an die Deutsche Botschaft in Vietnam und fragte an, ob ich als Abgeordneter denn zu der Frau ins Gefängnis gehen dürfe. Und was soll ich sagen, manchmal geschehen tatsächlich Wunder: Wir erhielten eine Zusage! Ich durfte schon bald, nämlich im Rahmen einer ohnehin anstehenden Vietnam-Reise, diese unschuldig im Gefängnis sitzende Frau besuchen. Und als wäre das nicht schon überraschend genug gewesen, verlief auch das Gespräch völlig unerwartet. Denn wir hatten vorher klare Vorgaben bekommen: Wir sollten auf keinen Fall mit ihr über Politisches sprechen. Denn natürlich hatte Vietnam kein Interesse daran, dass irgendwelche staatlichen Vergehen gegen die Menschlichkeit bekannt würden. Ich ging also in dieses Gefängnis, begleitet von sieben hochrangigen vietnamesischen Generälen und staatlich gestellten Übersetzern. Und diese arme Frau berichtete uns minutenlang davon, wie in den vietnamesischen Gefängnissen gefoltert wird. Sie sprach nie über ihre eigenen Erfahrungen, sondern gab das weiter, was andere Insassen ihr berichtet hatten. Vielleicht lag es auch daran, aber Tatsache war: Niemand unterbrach das Gespräch. So, als hätte Gott die Ohren der Militärs verschlossen. Einige Wochen später kam die Frau frei. Ich erinnere mich noch gut daran, wie sie in meinem Büro in Berlin saß, mit einer Visitenkarte in der Hand, die ich ihr noch im Gefängnis gegeben hatte. Darauf stand, dass ich für sie bete, dass ich mich für sie einsetze und dass sie sich auf mich verlassen kann. „Diese Worte haben mich in der Haft am Leben gehalten", sagte sie zu mir. Manchmal, wenn wir aufmerksam sind, dann können wir die Apfelbäumchen, die wir pflanzen, tatsächlich wachsen sehen.

[+++]

Die für mich prägendste Reise in meiner ganzen Bundestagszeit führte mich 2016 nach Indien. Bei keiner anderen Reise war ich so sehr Politiker und so sehr Heilsarmee-Offizier zugleich wie beim World Culture Festival in Delhi.

Diese Riesenveranstaltung gastiert in regelmäßigen Abständen in unterschiedlichen Ländern. Die Protagonisten sollen ein Zeichen setzen für Völkerverständigung und Frieden. Schon 2011 war das World Culture Festival in Berlin – allerdings ohne mich, denn ich war anderweitig verplant und hatte auch keine rechte Ahnung, was da überhaupt stattfinden sollte. 2016 aber wurde es ernst: Ein Vertreter der Veranstalter traf mich in meinem Büro und lud mich ein, bei einer Konferenz im Vorfeld des Festivals zu sprechen und am dritten Tag auch bei der Hauptveranstaltung ein Grußwort zu halten. Meine Mitarbeiterinnen durchforsteten das Internet und stellten fest: Es wurden mehr als drei Millionen Besucher erwartet! Vor so vielen Menschen hatte ich noch nie gesprochen. Das allein wäre ein Grund gewesen zuzusagen, aber die Veranstalter wollten mich vor allem wegen meiner Vergangenheit dort haben. Sie luden mich ein, weil ich ein Pastor war – und zudem im Menschenrechtsausschuss saß. Offenbar gingen sie davon aus, dass diese Kombination mich zu einem guten Redner machte, wenn es um das Thema Frieden geht. Niemals hätte ich sie enttäuscht. Ich sagte zu. Und flog aufgeregt wie ein kleines Kind nach Indien.

Was mich dort erwartete, war kaum zu übertreffen. Das Festival fand auf einem Feld in Delhi statt. Direkt vor der riesigen Bühne traten Tänzer und Musiker auf. Menschenmassen so weit man blicken konnte.

Als der Zeitpunkt für mein Grußwort näher rückte, lief ich wie ein aufgescheuchtes Huhn hinter der Bühne auf und ab. Ich, der Christ, in einer mir fremden Kultur, mit dem Auftrag, ein christlich geprägtes Grußwort zu halten: Ich machte mir fast in die Hose. Was für eine Herausforderung. Erst an diesem Nachmittag realisierte ich, dass ein weiterer Redner aus Deutschland geladen war. Armin Laschet. Mein CDU-Kollege erledigte also noch dazu den politischen Teil. Für mich blieb der spirituelle. Ich atmete tief ein und aus. Schüttelte noch einmal die Arme aus. Und stand vor anderthalb Millionen Menschen auf der Bühne.

„Ich bin eingeladen worden als Politiker, aber ich stehe hier als Glaubender", begann ich meine Rede.

Und dann erzählte ich von Jesus. Davon, wie sehr Gott die Menschen liebt. Und wie sehr er sich wünscht, dass wir uns gegenseitig lieben. Dass wir sogar unsere Feinde lieben sollen. Dass wir die andere Wange hinhalten sollen, wenn uns jemand geschlagen hat. Dabei bezog ich mich auf Jesus, aber auch auf mein Vorbild und das vieler Besucher: Mahatma Gandhi.

„Geht nach Hause und lebt das!", rief ich den Menschen zu.

Und dann betete ich am Ende der Rede: „Danke Gott, für diese Erfahrung, für deine Liebe, die du uns zeigst. Geh mit uns und erinnere uns an diese Liebe."

Ich werde nie das Geräusch von zehntausenden klatschenden Händen vergessen, die mich von der Bühne begleiteten. Wenn mir heute jemand sagt, dass die Politik ein dreckiges Geschäft sei, in dem Christen nichts verloren hätten, dann erinnere ich mich an diesen Tag. An diese einmalige Chance. An diesen Segen.

2019 kehrte ich einmal mehr zurück in dieses Land, das mich schon einmal so bewegt hatte. Der Menschenrechtsausschuss wollte sich mit der Menschenrechtslage in China beschäftigen, etwa mit der religiösen Unterdrückung der Uiguren und der Tibeter. China verweigerte uns jedoch die Einreise. Natürlich hatte der Staat kein Interesse daran, dass das Ausland die zahlreichen Vergehen gegen unterschiedlichste Gruppen untersuchte. Aber wir bekamen eine andere Chance: Viele der politischen Abweichler lebten in Indien. Also besuchten wir eben dieses Land, um uns mit diesen Menschen zu treffen. Ich ahnte bei Reiseantritt noch nicht, dass mich dieser Flug mit einer der bekanntesten Führungspersönlichkeiten der Welt zusammenbringen würde: dem Dalai Lama.

Wir waren für einige Treffen in die Stadt Dharamsala gereist. Das liegt in Nordindien und ist auch die Exilheimat des Dalai Lama. Am Morgen nach unserer Ankunft stand beim Frühstück plötzlich ein Diplomat der Deutschen Botschaft vor uns. Das Büro des Dalai Lama habe eben angerufen.

Seine Heiligkeit habe gehört, dass wir in der Gegend seien, und würde uns gern treffen. Ich war sprachlos. Unsere kleine Abgeordnetengruppe hatte es nicht mal gewagt, um eine Audienz zu bitten. Und nun kam das Oberhaupt der Tibeter einfach zu uns. Beziehungsweise bat uns zu ihm. In meinem Kopf sprach ich ein unorthodoxes Gebet:

„Gott, du bist echt verrückt."

Es vergingen nur knapp 60 Minuten, dann saß ich gemeinsam mit einer Abgeordneten der Grünen und der SPD im Wohnzimmer des Dalai Lama. Er gewährte uns eine Stunde seiner Zeit. Irgendwann im Laufe des Gesprächs über Politik und die Lage der Tibeter kam zur Sprache, dass ich Pastor bin. Und auf einmal ging es in unserem Treffen nicht mehr um Politik, sondern um den Glauben! Er kritisierte zum Beispiel, dass die christliche Religion in seinen Augen zu sehr auf das Jenseits ausgerichtet sei und sich deshalb nicht so sehr für den Umweltschutz engagiere. Ich stimmte ihm im Prinzip zu, widersprach aber auch in einem Punkt und erklärte anhand der Bibel, warum auch Christen die Schöpfung bewahren sollten. Andersherum habe ich ihm deutlich gemacht, dass ich und auch der Menschenrechtsausschuss jenseits aller Glaubensunterschiede die Haltung vertreten, dass Religionsfreiheit das gemeinsame höhere Ziel ist, das wir verfolgen. Am Ende des Gesprächs habe ich ihm einen charmanten internationalen christlichen Segen beigebracht:

„Ich segne dich im Namen des Vaters, des Sohnes und des Heiligen Geistes", und dabei gibt man sich einen Handschlag und formt am Ende beide Hände zu einer Taube. So haben wir uns gegenseitig mit diesem Segen verabschiedet. Unglaublich! Ich durfte, wenn man so will, mit dem Dalai Lama einen Moment des Gebets teilen. Ich kann nur wiederholen:

„Gott, du bist echt verrückt."

Eine ehemalige Mitarbeiterin von mir sagte immer:

„Dinge passieren." Sie ist nicht gläubig. Aber sie meint dasselbe wie ich, wenn ich sage: Da war der Heilige Geist am Werk. Andere nennen es Wunder. Und in diesem Fall hatte sie recht, als sie wieder sagte:

„Dinge passieren."

Man landet nicht zufällig beim Dalai Lama. Ich bin mir sicher, Gott hat meine Wege geführt. Und nun höre ich schon die, die sagen: Sollten wir uns denn als Christen gemein machen mit den Anliegen anderer Religionen? Ja, sollten wir. Ich finde es wichtig, dass wir Christen über den Tellerrand schauen. Wenn ich meine persönlichen Vorbilder nennen muss, dann sind da Leute wie Martin Luther King dabei. Aber eben auch Mahatma Gandhi. Nur weil wir nicht den gleichen Glauben teilen, so sind wir uns doch ähnlich in unserem Wunsch nach mehr Gerechtigkeit in der Welt.

10. In die Politik

Es ist der 17. September 1991. Nicht Indien, nicht Afrika, lange bevor ich begann, als Politiker zu reisen. Stattdessen: ein Marktplatz in Hoyerswerda. Vietnamesische Händler verkaufen ihre Waren, Obst, Gemüse. Acht jugendliche Neonazis nähern sich dem Platz. Sie fangen an zu pöbeln, werden handgreiflich. So sehr, dass die Vietnamesen die Flucht ergreifen. Sie laufen zu ihrem Wohnheim, doch der Spuk ist nicht vorbei. Genau genommen fängt der Horror gerade erst an. Immer mehr Rechte und Schaulustige kommen zusammen, sie stehen vor dem Wohnheim, rufen „Ausländer raus!", werfen Flaschen und Steine. Am Ende haben sich Hunderte versammelt. Die Polizei lässt sich Zeit. Erst zwei Stunden nach Beginn der Übergriffe ist sie vor Ort. Die Angriffe werden fünf Tage lang weitergehen. Heute wissen wir: Die Übergriffe waren der Auftakt einer scheußlichen Serie von Anschlägen auf Flüchtlings- und Asylbewerberheime. Auf Hoyerswerda folgte ein Jahr später Rostock-Lichtenhagen. Tausende kamen zusammen, um vor einer Aufnahmestelle für Geflüchtete rechte Parolen zu brüllen. Brandsätze flogen. Auch in Solingen und Mölln gab es Vorfälle wie diese.

Ich steckte damals mitten im Studium in Freiburg. So etwas hatte ich in Deutschland noch nie gesehen. Die Gewalt, die Wut, der Hass haben mich tief erschüttert. Und es hat etwas mit mir gemacht. Ich wusste sofort: Dagegen muss ich aufstehen. Ich war nie ein großer Demonstrant und Protestierer.

Bis auf meinen einmaligen Einsatz als Jugendlicher vor der Rumänischen Botschaft bin ich nie auf die Straße gegangen. Aber ich fand andere Ausdrucksformen für meine politische Haltung. In der Zeit der brennenden Flüchtlingsheime ließ ich mir einen Pullover drucken. Vorne sah man eine Weltkugel und darüber den Satz: „Ich bin ein Ausländer …" Auf dem Rücken ging der Spruch weiter „… irgendwo."

Es ist kein Geheimnis, dass es nicht bei dem Pullover blieb. Nicht nur Rumänien hat mich politisiert. Einen letzten Ausschlag gab der Fremdenhass, der mich schockierte. Ich wusste, ich musste etwas tun. Zuallererst wählen gehen. Aber vielleicht noch mehr? Ich komme aus einem Altenheim, war Sozialarbeiter, Heilsarmee-Offizier und Abgeordneter. Das ist der Weg meines Lebens. Manchmal muss ich mich selbst daran erinnern, wie ich vom sozialen Beruf und von der Kanzel ausgerechnet in Richtung Bundestag abgebogen bin. Der letzte Ausschlag, der mich dazu trieb, politisch erkennbar und aktiv zu werden, waren die brennenden Ausländerheime in Hoyerswerda und Rostock-Lichtenhagen.

Ich bin nicht von Natur aus Christdemokrat, auch wenn man das wegen des Attributs „Christlich" im Namen der CDU vielleicht annehmen könnte. Tatsächlich würde ich mich heute irgendwo zwischen Grün und Schwarz verorten, also zwischen Union und den Grünen. Mir liegt die Umwelt am Herzen, ich bin dafür, dass wir uns für mehr Nachhaltigkeit einsetzen, auch im Sinne der biblischen Schöpfung. Ich wollte aus diesem Grund tatsächlich einige Zeit lang Förster werden. Zugleich überzeugt mich die politische Grundhaltung der CDU: Mut zur Eigenverantwortung für den Bürger, soziale Marktwirtschaft, konservative Werte. In meiner Zeit im Bundestag war ich regelmäßiger Gast in einer Gruppe, die sich Spaghettikreis nannte: Ein Treffen von CDU- und

Grünen-Abgeordneten, um Gemeinsamkeiten auszuloten und eine mögliche Zusammenarbeit voranzubringen. Zu einer Koalition kam es auf Bundesebene nicht, aber ich will kein Geheimnis daraus machen: Es hätte mich gefreut.

So wird es auch niemanden überraschen, dass mein erster Ausflug in die mehr oder weniger aktive Politik nicht in Richtung CDU ging. Noch während meiner Zeit bei der Heilsarmee in Freiburg wurde ich Mitglied der Ökologisch-Demokratischen Partei, kurz ÖDP. Auf Bundesebene spielte sie keine Rolle und auch in den Ländern und kommunal gehörte sie zu den Kleinparteien. Aber sie verband zwei Dinge, die mein Herz bewegten: ökologisch-nachhaltiges Denken und christliche Werte.

Ausgelöst durch Hoyerswerda und Lichtenhagen beschäftigte ich mich während meines Studiums nebenbei mit den Wahlprogrammen der verschiedenen Parteien. Ich las sie alle durch. Und ich fragte mich: Wo ist da mein Platz? Denn im Gegensatz zu meinem Vater war ich keineswegs politikverdrossen. Ich kannte zwar die fromme Haltung vieler unserer Altenheimbewohner nach dem Motto: Politik ist ein dreckiges Geschäft. Dennoch war mir schon als Jugendlichem klar, wie wichtig politisches Engagement ist. Denn ich hatte gesehen, was hinter dem Eisernen Vorhang vor sich ging. Was geschieht, wenn Bürger nicht frei wählen dürfen und ein Unrechtsregime seine Macht mit Gewalt aufrechterhält. Ich habe mir damals schon vorgenommen, immer dankbar zu sein. Mein Recht zu wählen, immer wahrzunehmen. Weil es wertvoll ist und zugleich eine demokratische Selbstverständlichkeit. Um es mit den Worten Joachim Gaucks in dessen Antrittsrede als Bundespräsident im Jahr 2012 zu sagen:

„Ihr seid Bürger, das heißt Gestalter, Mitgestalter. Wem Teilhabe möglich ist und wer ohne Not auf sie verzichtet, der vergibt eine der schönsten und größten Möglichkeiten des menschlichen Daseins: Verantwortung zu leben."

Ich würde niemals nicht wählen gehen. Das war mein Credo. Schon vor der Gewalt der 90er Jahre. Ich empfand Nichtwählen als Tritt ins Gesicht derer, denen dieses Recht an so vielen Orten auf der Welt verwehrt wurde.

Und so begann ich mich zu fragen, wo in der politischen Welt mein Platz sein könnte, und entschied mich erstmal für die ÖDP. Die Präambel des Parteiprogramms berief sich auf die christlichen und humanistischen Grundwerte zugleich, allein schon das gefiel mir. Ich wurde kurzerhand Mitglied. Damals lag mir die Idee noch fern, mich inhaltlich politisch zu engagieren. Aber ich ging zu einem ÖDP-Parteitag – der übrigens gleich mit einer Andacht begann, was mich sehr beeindruckte. Ich fühlte mich zu Hause. Mein erster zaghafter Kontakt zur institutionellen Politik war geknüpft.

Wer weiß, vielleicht wäre ich noch heute Mitglied der ÖDP, wäre ich nicht von der Heilsarmee nach Chemnitz berufen worden. Dort gab es keine Ortsgruppe der Partei und somit war ich automatisch raus. Dafür begegnete mir nach einigen Jahren eine andere Kleinpartei, zu der ich ein eher gespaltenes Verhältnis pflegte: die Partei Bibeltreuer Christen (PBC).

Die PBC wurde 1989 gegründet und wollte vor allen Dingen Sprachrohr konservativer Christen in Deutschland sein. Im Zentrum ihrer Tätigkeit stand Familienpolitik, etwa der Kampf gegen ein liberales Abtreibungsrecht, gegen Prostitution und für die staatliche Förderung der Ehe. So weit, so gut, all diese Dinge waren auch mir wichtig. Allerdings sah sich die PBC auch immer als missionarische Gruppe, die unter anderem einen Bibelunterricht in Schulen forderte. Ich habe nie verstanden, wieso eine politische Partei Bibelverse auf Wahlplakate druckte. Für mich war das eine Instrumentalisierung unseres politischen Systems und es grenzt an eine missbräuchliche Verwendung von Steuergeldern für andere Zwecke – nämlich Evangelisation. Aber dafür ist der Staat nicht zuständig, wir leben in einem säkularen Land.

Im Jahr 2015 war die PBC Geschichte, sie schloss sich einer anderen Partei mit dem Namen „Bündnis C" an. Doch im Jahr 2002 als ich den ersten Kontakt mit den „Bibeltreuen" schloss, war davon noch keine Rede. Ich hatte mir in Chemnitz bereits einen Namen gemacht, die Heilsarmee-Gemeinde wuchs ebenso wie unsere soziale Arbeit. Das führte wohl dazu, dass die PBC mich fragte, ob ich für sie als Kandidat antreten wollte.

Ich übertreibe nicht, wenn ich sage, dass ich mindestens dreimal hin und her überlegen musste. Sowohl ich als auch die Parteimitglieder, mit denen ich sprach, kannten meine Haltung. Ich würde niemals Teil der PBC werden. Andererseits bot mir die Kandidatur die Gelegenheit, bestimmte Themen, die mir wichtig waren, öffentlich zu betonen. Der Einsatz für die sozial Schwachen in Chemnitz etwa. Oder für eine konservative Familienpolitik. So kam es, dass der Name Frank Heinrich im Jahr 2002 zum ersten Mal auf einem Bundestagswahlzettel stand. Ich war das Gesicht der PBC in Chemnitz. Ein parteiloser Kandidat. Natürlich gehörten wir nicht zu den großen Konkurrenten und wurden nicht zu jeder Wahlkampfveranstaltung eingeladen. Aber immerhin konnte ich hier und da mit in den Runden sitzen zwischen SPD, CDU, FDP, Grünen und Linken. Es war klar, dass ich nicht der nächste Kanzler werden würde. Ich holte 1.100 Stimmen. Und befand mich am Wahltag im Urlaub in Frankreich.

Obwohl es mir bei diesem Wahlkampf nie um die PBC ging, wurde mir das im Nachhinein immer wieder vorgeworfen. Einige im Bundestag taten mich deshalb als bibeltreuer Fanatiker ab. Ich hoffe, ich habe die Kollegen in meinen 12 Jahren im Hohen Haus davon überzeugen können, dass ich nicht in diese Kategorie gehöre.

Was hat mich am Ende dann doch zur CDU geführt? Es war wie so oft in meinem Leben: Gott ging seinen Weg mit mir. Im Sommer des Jahres 2006 hatte ich einmal mehr das Gefühl, dass sich etwas in meinem Leben verändern würde. Die Arbeit der Heilsarmee in Chemnitz lief gut, wir waren zufrieden, aber irgendetwas in meinem Inneren regte sich. Eine Stimme flüsterte leise:

„Irgendetwas wird passieren, lass dich überraschen."

Ich erinnere mich an ein Treffen, zu dem ich als Heilsarmee-Leiter eingeladen war. Verschiedene Jugendgruppen der Evangelischen Allianz in Chemnitz, darunter eben auch wir, trafen sich mit der Ortsgruppe der Jungen Union, also des Jugendverbandes der CDU. Es gab einige mehr oder weniger interessante Kurzreferate, dann kam eine Fragerunde. Ein Teilnehmer der Allianz meldete sich und stellte jene eine Frage, die ich in meinen Jahren im Bundestag gefühlt 1.000-mal gehört habe, wenn es um die CDU ging:

„Wo ist denn das C geblieben?"

Was der junge Mann damit eigentlich sagen wollte, ebenso wie die 1.000 Fragesteller, die in den kommenden Jahren in meiner Gegenwart auf ihn folgten, war: „Stehen Sie überhaupt für christliche Werte? Mir sind Sie nicht christlich genug!"

Eine Vertreterin der Jungen Union ergriff das Wort und was sie antwortete, veränderte etwas in mir:

„Wir stehen nicht für christliche Politik. Bei uns kann jeder mitarbeiten. Aber wir stehen für ein christliches Menschenbild: Verantwortung, Freiheit, Solidarität, Subsidiarität."

Das waren ihre Worte. Drei Sätze. Vier Stichpunkte. Heute weiß ich: Sie genügten, um mich zu überzeugen. Sie genügten, um meine Zukunft zu verändern. Ich fand mich in allen vier Prinzipien zu 100 Prozent wieder. Tatsächlich glaube auch ich, dass jeder in seinem Bereich Verantwortung tragen sollte. Weil Gott uns Gaben geschenkt hat, damit wir sie benutzen. Und wir müssen die Freiheit haben, uns auszuprobieren, dazuzulernen, zu handeln, so gut wir können. Doch wir können nicht alles alleine, daher sind wir solidarisch. Ohne Solidarität funktioniert diese Welt nicht. Und wenn eine Aufgabe mich überfordert, dann darf ich Hilfe von oben erwarten, im übertragenen wie buchstäblichen Sinne. Von Gott, aber auch von der Instanz, die über mir steht. Das nennt sich Subsidiarität. Und Freiheit war von jeher mein Thema – in Rumänien, bei der „Insel" und nicht zuletzt in Chemnitz. Diese vier Themen überzeugen mich bis heute. Ich habe eine Schnittmenge zu den Themen der CDU von geschätzt 88 Prozent. An den restlichen 12 Prozent leide ich gelegentlich. Und wer dieses Buch aufmerksam gelesen hat, der weiß auch, welche das sind. Aber die Schnittmenge ist dennoch größer als bei allen anderen politischen Institutionen, die ich kennengelernt habe. 88 Prozent reichten. Ich trat bei der nächsten Gelegenheit in die CDU ein.

Heute würde ich sagen: Ich war überzeugt und schrecklich ahnungslos. Das zeigte sich schon bei meiner ersten Sitzung wenige Wochen später. Ich ging zur ersten CDU-Versammlung meines Stadtteils. Damit meine ich nicht den, in dem ich lebte, sondern den, in dem ich arbeitete. Denn von Anfang an war klar: Ich wollte für die Menschen etwas verändern, denen ich bei der Heilsarmee begegnete. Den Kindern und Jugendlichen, die zu uns kamen, um Kicker zu spielen und abzuhängen, den Eltern, die nicht wussten, wie sie genug Essen auf den Tisch bringen konnten, denen, die immer mit einem Fuß im Gefängnis standen. Also ließ ich mich überweisen, so nennt es sich, wenn ein Parteimitglied nicht dort aktiv ist, wo es wohnt, sondern zum Beispiel am Arbeitsort. Diese Überweisung führte aber auch dazu, dass ich niemanden aus meiner Stadtteilgruppe kannte. Ich betrat also den Raum, den ich als Treffpunkt ausgemacht hatte, nahm mir einen Kaffee und setzte mich in die Runde. Wir waren zu siebt. Ein kleiner Austausch begann. Was stand an, welche politischen Themen müssen angegangen werden und so weiter. Wir hatten schon einige Minuten gesprochen, da öffnete sich die Tür hinter mir. Eine Frau schaute herein, endlich ein bekanntes Gesicht! Die Dame kannte ich von meiner Anmeldung bei der CDU. Als sie mich sah, schaute sie verdutzt, kam dann herein und verkniff sich ein Lachen. Dann sagte sie:

„Herr Heinrich, wie schön, dass Sie es geschafft haben! Kommen Sie doch mit, wir tagen im Raum nebenan."

Und so verbrachte ich meine erste Sitzung als Mitglied der CDU in Chemnitz in einer Versammlung des SPD-Ortsverbandes. Zumindest die ersten Minuten.

Innerhalb eines Jahres fand ich mich ein: in die Strukturen, die Menschen, die Politik. Dann wurde es ernst, und zwar schneller, als ich selbst es je erwartet hätte.

Eines Tages klingelte das Telefon in meinem Büro. Ein Redakteur einer Lokalzeitung war in der Leitung und wollte ein Statement von mir. Am Tag zuvor war ein Obdachloser in Chemnitz erfroren.

„Herr Heinrich, wird das mit der Armut wieder schlimmer?", fragte er recht unbedarft. Ich weiß nicht mehr genau, was ich antwortete, aber im Laufe des Gesprächs wurde mir plötzlich bewusst, dass meine Stimme für die sozial Schwachen offenbar gefragt war. Und zwar nicht nur in den Medien. Die Zeitungen meldeten sich bei mir als Heilsarmee-Chef, wenn sie ein Statement brauchten, aber ich war auch regelmäßiger Teilnehmer von Stadtteilsitzungen. Mein Wort gewann an Gewicht in dieser Stadt. Ich sage das ganz unarrogant, denn vor allen Dingen verwies mich diese Erkenntnis auf meine Verantwortung. Ich hatte Talente und damit auch die Pflicht, sie einzusetzen.

Einige Monate später, im Sommer 2007 besuchte ich eine Veranstaltung mit dem Gründer des Christlichen Kinder- und Jugendwerks „Die Arche", Bernd Siggelkow. Auch er war einst Heilsarmeeoffizier gewesen, wie ich. Ich sehe ihn noch auf der Bühne stehen und sagen:

„Es braucht viel mehr Menschen, die dahin gehen, wo es weh tut. Aber es braucht auch viel mehr Menschen, die dazu bereit sind, an den Strukturen mitzuarbeiten, um es denen, die an der Basis arbeiten, leichter zu machen."

Und da machte es Klick bei mir. Mein Herz schlug seit meinem Studium für die Soziale Arbeit. Aber nun sah ich: Es brauchte auch die, die bereit waren, Strukturen zu verändern. Da war wieder diese Stimme in meinem Innern: „Könntest du so jemand sein, Frank?"

Einige Wochen später stolperte ich zufällig in einen Gebetsabend einer Gruppe Christen in Chemnitz. Ich war unterwegs, um Bücher in ein Gemeindehaus zu bringen. Eigentlich nur auf dem Sprung. Da sah ich diese kleine Gruppe im Saal sitzen. Sie baten mich dazu, boten an, für mich zu beten. Eine solche Einladung lehne ich niemals ab. Wir beteten also gemeinsam und gleich zu Beginn zitierte einer der Anwesenden aus Psalm 32, Vers 8:

„Ich will dich mit meinen Augen leiten."

Er konnte nicht wissen, dass dieser Vers mir von jeher sehr viel bedeutete. Ich bin ein Beziehungsmensch und diese Worte stehen in meinen Augen für die Beziehung zwischen Mensch und Gott. Gott sieht mich an. Und er führt meine Wege. Dann sagte ein anderer:

„Frank, ich habe gerade vor meinem inneren Auge gesehen, wie dir ein Schlüssel gereicht wird."

Und schließlich: „Ich sehe dich auf einem Pferd, aber du sitzt falsch herum. Entspann dich. Gott geht mit dir den Weg. Lass los."

Wenn ich nun zurückblicke, dann würde ich diesen Abend, dieses Gebet, das so unerwartet kam, als Berufungsmoment bezeichnen. Der Tropfen, der das Fass überlaufen ließ. Der Psalm, der Schlüssel, der Weg, den Gott weist: Ich beschloss, mich zur Wahl zu stellen. Oder zumindest herauszufinden, wie das überhaupt geht. Denn die nächste Wahl, die für mich infrage kam, war keine geringere als die zum Deutschen Bundestag.

In den folgenden Wochen informierte ich mich darüber, wie man an einen Listenplatz kam. Nichts war beschlossen, ich tastete mich nur vorsichtig vor. Doch wie es so ist, schnell machten Gerüchte die Runde. Eines Nachmittags saß ich im Garten eines Bekannten, da sagte dieser zu mir:

„Herr Heinrich, Sie haben ja viel vor."

Ich schaute verdutzt: „Was denn?"

„Na, in den Bundestag will nicht jeder …"

Das überrumpelte mich, aber es zeigte mir auch, dass der Gedanke offenbar nicht ganz abwegig war.

Ich habe schon früher über mein Verhältnis zum Fasten gesprochen. Wenn ich nicht weiterweiß, dann faste ich. Wenn wichtige Entscheidungen anstehen, dann faste ich. Wenn mir etwas wirklich wichtig ist, dann faste ich. Also was tat ich nach diesem Gespräch: Ich fastete. Fünf Wochen lang. Und nicht nur das. Ich machte Urlaub in einer einsamen Hütte in Estland. Ich schloss mich vier Tage lang ein, schaltete das Handy aus und betete. Denn eines war klar: Wenn ich wirklich in die Politik gehen würde, dann wäre es das gewesen mit meiner Leiterstelle bei der Heilsarmee. Von jeher duldet sie kein aktives politisches Engagement. Dass mein Wahl-kampf für die PBC damals geduldet wurde, war wohl eher ein Versehen gewesen.

Am Ende des Jahres 2008 hatte ich meine Antwort gefunden. Ich klärte alles Nötige in der Partei, traf auf Wohlwollen und schon bald war klar: Die CDU wird bei der kommenden Nominierung zur Bundestagswahl einen Heilsarmee-Offizier aufstellen. Die Nominierung gewann ich haushoch. Es stand fest: Ich würde in den Wahlkampf ziehen. Und zwar, um denen eine Stimme zu geben, für die ich jahrelang gekämpft hatte: meine Nachbarn, die Kinder und die Familien von Chemnitz.

Als die CDU am 31. Januar 2009 offiziell bekannt gab, dass ich ihr Spitzenkandidat in Chemnitz sein würde, erhielt ich einen Brief vom Heilsarmee-Hauptquartier in Köln. Man bat mich um meine Kündigung. Bis dahin hatte ich nur geahnt, was kommen würde. Noch nie zuvor hatte ein Heilsarmee-Offizier für den Bundestag kandidiert. Ich war ein Präzedenzfall und ich hatte gehofft, man würde mich nur auffordern, das Amt ruhen zu lassen. So wie es auch viele Pastoren der Evangelischen Landeskirchen in der Vergangenheit getan haben, denn von ihnen gab es bereits einige im Bundestag. Doch nun sollte ich kündigen. Einen endgültigen Schluss-strich ziehen. Alles auf eine Karte setzen. Ich tat, wie mir geheißen zum 1. April. Der Schmerz war riesig. Die Heilsarmee ist mir bis heute Familie, Heimat und Berufung. Aber nun machte ich mich auf in ein noch größeres Abenteuer. Das vermutlich größte meines Lebens.

11. In der Wüste mit Volker Beck

Was mir an der Politik immer am wichtigsten war? Die Menschen. Die, die ich auf Reisen und unterwegs traf und die, die meine Kolleginnen und Kollegen waren. Als ich – geprägt vom lebendigen Glauben, aber auch den Ressentiments gegenüber der Politik aus meiner Kindheit – 2009 in den Bundestag einzog, habe ich wohl zumindest unterbewusst damit gerechnet, was mir schon seit Jahrzehnten so viele vermittelt haben:

„Die Politik in Berlin ist ein Haifischbecken."

Der Gedanke, den die frommen Alten in meiner Jugend und auch viele meiner Bekannten und Freunde aus dem Wahlkampf immer wieder geäußert hatten, hatte sich auch bei mir festgesetzt. Auch wenn ich mich eigentlich stets dagegen verwehrt habe. Ich rechnete also mit Ellenbogenkämpfen und Streit zwischen machthungrigen Politikern. Doch im Bundestag erlebte ich etwas ganz anderes. In Erinnerung geblieben sind mir Szenen wie diese: Bei einer Debatte im Plenum ging Hubertus Heil, der spätere Arbeitsminister, einen Redner der Koalition scharf an. Ich weiß nicht mehr, worum es genau ging, aber es flogen harte Worte hin und her. Heil bezichtigte sein Gegenüber gar der Lüge. Eine halbe Stunde später flüsterte ein Kollege Heil etwas ins Ohr. Kurze Zeit später stand dieser auf und bat einmal mehr um das Wort. Dieses Mal aber wollte er niemanden zurechtweisen oder dessen Aufrichtigkeit infrage stellen. Nein, er entschuldigte sich! Heil sagte, er habe gerade neue Informationen erhalten, die seine Anschuldigungen widerlegten. Der mit allen Wassern gewaschene Politiker gab vor versammelter Berliner Mannschaft zu, dass er sich falsch verhalten hatte. Er sagte etwas wie:

„Genauso öffentlich, wie ich vorhin angeklagt habe, möchte ich mich nun auch entschuldigen."

Staunend erkannte ich: Auch das gehört zum Politikbetrieb, obwohl die Nachrichten solche Szenen selten zeigen. Ich habe Erlebnisse wie diese in meinem Gedächtnis abgespeichert. In einem Ordner namens „heilsame Momente".

Zu diesen gehört auch meine Geschichte mit Volker Beck. 2017 schied er aus dem Deutschen Bundestag aus, seitdem hat er vor allem damit Schlagzeilen gemacht, dass er sich oft und gerne an die Seite Israels stellt und gegen Antisemitismus kämpft. Doch es gab eine Zeit, da galt Beck in der evangelikalen Szene als so etwas wie das Enfant Terrible. Vor allem wegen seines vehementen Einstehens für die Rechte von Schwulen und Lesben. Er kämpfte für Rechte, die viele Konservative schlichtweg ablehnten. Und er war nicht zimperlich mit seinen Anschuldigungen in Richtung konservativer Gläubiger. Im Jahr 2013 etwa forderte er ein Verbot sogenannter „Umpolungstherapien", also von Angeboten, die Homosexuelle dabei unterstützen sollten, ihre Sexualität zu verändern. Beck erklärte damals: „Die Propagierung dieser Angebote dient evangelikalen, katholisch-fundamentalistischen und islamistischen Gruppen zur Rechtfertigung ihrer ablehnenden Haltung gegenüber Homosexualität." Dieses Pauschalurteil stieß etwa der Evangelischen Allianz auf, die umgehend erklärte: „Es dient der notwendigen gesellschaftlichen und politischen Diskussion zu Fragen der Sexualethik und der Homosexualität nicht, wenn Herr Beck laufend neue Feindbilder, welche der Wirklichkeit nicht entsprechen, erstellt, um sie anschließend zu bekämpfen." Im Jahr 2008 setzte er sich für eine Streichung der staatlichen Unterstützung des evangelikal geprägten Christentreffens „Christival" ein. Denn auf dem Programm der Veranstaltung stand unter anderem ein Seminar zur Veränderbarkeit von Homosexualität. Es wurde später aus dem Programm genommen. In einem Interview aus dem Jahr 2014 erklärte er: „Als schwuler Mann erlebe ich manche Debatten im evangelikalen Raum als sehr verletzend. Theologisch stört mich vor allem die Vermischung der Kategorien von Krankheit und Sünde im Zusammenhang mit Homosexualität. Ich wünschte mir, dass die Evangelikalen dieses Thema weniger wichtig nähmen und mehr Respekt zeigten."

Vieles davon geschah erst, als ich bereits einige Jahre im Bundestag saß. Dennoch war schon bei meinem Einzug klar: Volker Beck ist vielen Christen ein Ärgernis. Und sie immer wieder auch ihm. Ich nahm mir von Anfang an vor, bewusst den Kontakt zu Beck zu suchen. Ich wollte, wie schon so oft in meinem Leben, mit eigenen Augen sehen, ob dieser Mann wirklich ein Feind der Evangelikalen war. Oder ob seine Kritik gerechtfertigt sein könnte. Ich wollte herausfinden, wie dieser Mensch, den ich bisher nur aus den Nachrichten kannte, tickte. Und bestenfalls wollte ich das alles tun, bevor Beck herausfand, dass ich zum von ihm möglicherweise so kritisch beäugten Lager gehörte.

Ob mir Letzteres gelungen ist, kann ich im Nachhinein nicht genau sagen. Doch in einem bin ich mir sicher: Ich habe Volker Beck recht schnell ganz gut kennengelernt. Wir saßen gemeinsam im Ausschuss für Menschenrechte. Das brachte mit sich, dass wir Sitzungswoche für Sitzungswoche stundenlang gemeinsam in einem Raum saßen, Argumente austauschten und zuhörten. Doch das allein reichte mir nicht. Ich bat Beck schon ganz zu Beginn meiner Laufbahn um ein persönliches Treffen. Und da saßen wir dann, wenige Monate nach meinem ersten Tag im Parlament, in seinem Büro und unterhielten uns. Ich weiß nicht mehr genau, worüber wir sprachen. Vermutlich über die Menschenrechtslage in verschiedenen Ländern. Über die Lage von Homosexuellen weltweit. Über das Christsein. Es war ein persönliches Gespräch. Und wir verstanden uns gut! Ich spürte nichts von den Vorurteilen, die andere Beck immer unterstellten. Im Gegenteil, er bekannte sich sehr deutlich zu seinem Christsein. Ich erinnere mich daran, dass er einmal in meinem Beisein eine Andacht im Deutschen Bundestag hielt, ausgerechnet am Jahrestag der Anschläge des 11. Septembers. Sie ist mir wegen ihres klaren Bekenntnisses zu Jesus Christus deutlich in Erinnerung geblieben. Beck sprach darüber, wie Hass und Wut uns auch im Angesicht des Leids nicht überwältigen können, wenn wir uns festhalten an Gott. Uns festhalten an der Liebe zu ihm und unsere Nächsten ebenso lieben.

„So kann die Hinwendung zu Gott helfen, dass Verzweiflung, Trauer, Schmerz und Hass uns nicht überwältigen", sagte er. Und weiter: „Gott zu lieben von ganzem Herzen und den Nächsten wie sich selbst ist kein politisches Programm, sondern ein Programm zur Überprüfung unserer Motive und Beweggründe in der Politik." Seine Worte haben mich getroffen wie wenige in diesem Andachtsraum.

Im Jahr 2011 reiste ich gemeinsam mit Volker Beck und anderen Kollegen im Auftrag unseres Ausschusses in die Westsahara und nach Südalgerien. Wir waren zeitweise im selben Zelt untergebracht, wobei man sich diese Wüstenzelte nicht wie jene vorstellen kann, die wir auf Campingplätzen benutzen. Die Zelte in dem Camp waren mehrere Meter breit und hoch. In dem großen Innenraum, der sonst als Lager diente, standen zwei Feldbetten jeweils an den gegenüberliegenden Seiten des Zelts.

Die Tage bei einer solchen Reise sind prall gefüllt, so-dass man nicht wirklich Zeit hat, sich auszutauschen. Doch abends saßen wir gemeinsam am Feuer, aßen ungewohnte Mahlzeiten und sprachen über alles Mögliche, bevor wir tod-müde in unsere Lager fielen. Über die Jahre kann ich sagen: Volker Beck mag manche geärgert haben. Und mit manchem schoss er über das Ziel hinaus. Aber er hat immer authen-tisch seinen Kampf gekämpft. Er war mir gegenüber immer respektvoll. Und nach vielen Gesprächen kann ich auch nachvollziehen, woher seine Kritik gegenüber Evangelikalen rührte. Da war ein Schmerz, an dem er sich unermüdlich ab-arbeitete. Und ich bin in der Lage, das zu verstehen und zu akzeptieren. Ich glaube, Volker Beck war vorurteilsfreier als die meisten Menschen, die ihn verurteilten. Wir waren stets gute Kollegen.

Als ich 2017 mein Buch „Frank und Frei" veröffentlichte, bat ich ihn um einen Klappentext. Und er lieferte. „Frank Heinrich zeigt, dass man zugleich ein bibelfester Christ mit Werten und ein mutiger Verteidiger der Freiheit eines jeden sein kann" steht da. Seine Worte ehren mich. Doch nicht je-der sieht das so. Nach Erscheinen des Buchs erfuhr ich, dass ein christlicher Buchhändler das Buch nicht verkaufen woll-te wegen dieses Vorworts von Volker Beck. Bis heute macht mich das tieftraurig. Wie kann es christlich sein, Personen auszuschließen, weil man ihre Ansichten nicht teilt? Wie kann es christlich sein, sie nicht anzuhören? Ist es nicht ge-rade unsere Unterschiedlichkeit, die uns voneinander lernen lässt? Wir geben doch nicht unseren Glauben auf, wenn wir andere Meinungen oder Menschen, die anders sind, wahr-nehmen. Im Gegenteil. Ich jedenfalls habe aus meinen Begeg-nungen mit Volker Beck viel gelernt. Das Überwinden meiner eigenen Vorurteile hat sich ausgezahlt.

Ich habe im Laufe meiner Zeit im Bundestag immer wieder

Menschen getroffen, die besonders in christlichen Kreisen umstritten waren. Die Frauenrechtlerin Alice Schwarzer ist ein weiteres Beispiel. Ich stimme ihr beileibe nicht bei allem zu, aber beim Kampf gegen Zwangsprostitution waren wir uns einig. Hätte ich mich mit ihr oder mit Volker Beck nicht auseinandergesetzt, hätte ich mich selbst einer wichtigen Farbe in meinem Leben beraubt.

Es gibt so viele Geschichten, die ich über meine Begegnungen mit anderen Politikern erzählen könnte. Um sie zu schützen, werde ich einige Namen nicht nennen. Aber ich erinnere mich etwa an einen Hammelsprung im Bundestag – eine besondere Abstimmungsmethode. Wir Abgeordneten standen vor den Türen des Bundestagsplenums und warteten auf Wiedereinlass. Da sah ich eine Politikerin, die den meisten von uns wohlbekannt sein dürfte. Sie stand dort, sah betreten auf den Boden. Ich schaltete spontan um auf Pastor. Das habe ich öfters in meiner Bundestagszeit getan: Seelsorger zu sein, statt Politiker. Ich ging zu ihr hin, fragte, ob alles in Ordnung sei, ob ich für sie beten könne. In ihren Augen sah ich irgendetwas. Eine Art Rührung. Vielleicht hatte ihr schon länger niemand mehr diese Frage gestellt. Nach einem kurzen Schulterblick begann sie zu erzählen. Von Problemen mit anderen Abgeordneten. Dem Druck. Langen Arbeitsnächten. Ihrer Not. In den folgenden Wochen betete ich immer wieder für sie.

Einen anderen Kollegen durfte ich salben[1]. Sein Name war durch die Medien gegangen, ein kleiner Skandal verfolgte ihn, zudem hatte er gerade eine neue wichtige Funktion in

---

[1] In biblischer Zeit wurden etwa Könige mit Öl gesalbt, um ihnen Gottes Segen für ihren Dienst zuzusprechen. Viele Christen glauben, dass auch heute noch Menschen in bestimmten Professionen gesalbt werden können, um ihnen Gottes Segen mit auf den Weg zu geben. Dazu tröpfeln sie etwas Öl auf die Hände oder den Kopf des Betreffenden und beten für sie.

der Fraktion bekommen. Am Rande einer Sitzung kamen wir ins Gespräch, sprachen übers Beten. Er sagte: „Meine Frau betet mehr als ich, aber mir würde es sicher auch guttun." Er lud mich in sein Büro ein. Dort sprachen wir eine knappe Stunde lang. Am Ende tropfte ich ihm etwas Salböl auf die Hand und segnete ihn und seine Arbeit.

Ich kann sagen: In meinem Büro wurde wohl mehr gebetet als in manch anderen im Deutschen Bundestag. Ich glaube, das war nicht nur für mich wertvoll. Ich habe das nie getan, um mich irgendwie hervorzutun. Um zu zeigen, was für ein toller Christ ich bin. Nein, es gehört einfach zu meiner DNA. Ich kann nicht anders. Ich hoffe, es hat nicht nur mir, sondern auch anderen Segen gebracht.

Im Januar 2016 habe ich mit Angela Merkel einige Verse aus der Bibel gelesen. Wenn ich das so aufschreibe, dann liest sich das selbst in meinen Augen unglaublich. Aber Dinge passieren. Gott führt uns seltsame und ungeahnte Wege. Ich war gerade von einem Forum in Georgien zurückgekehrt und hatte dort unter anderem Gespräche mit einem wichtigen religiösen Führer aus dem Irak geführt. Dieser hatte einige Botschaften für Angela Merkel und bat mich, ihr das ein oder andere weiterzugeben. Nun fand ich die Idee, dass ausgerechnet ich das zur Kanzlerin tragen sollte, etwas kurios, schließlich trifft man auch als Abgeordneter nicht so ganz selbstverständlich die Kanzlerin. Da ich aber ohnehin um einen Termin bei ihr bitten wollte, um einige Anliegen der Bürger in Chemnitz zu kommunizieren, fragte ich nach einem Treffen. Und siehe da: Das Büro Merkel teilte mit: Ich bekomme zehn Minuten zwischen zwei Sitzungen. Drei Tage vor diesem Treffen rief mich ein befreundeter Pastor aus Berlin an. Er erzählte mir von einem Traum. Darin hatte er Angela Merkel gesehen, die in der Bibel las. Das träumte er genau einen Tag, bevor auf der Kölner Domplatte an

Silvester zahlreiche sexuelle Übergriffe junger zugewander-
ter Männer auf Frauen gemeldet wurden. Das Thema ging
damals groß durch die Medien, es gab 1.200 Strafanzeigen,
knapp 300 Verdächtige und am Ende 37 Verurteilungen. Der
Polizei wurde Versagen vorgeworfen und das alles auf dem
Höhepunkt der sogenannten Flüchtlingskrise. Dieser Pastor
wollte nun, dass ich Frau Merkel von seinem Traum erzähle,
denn wer weiß, vielleicht hatte der Traum ja eine Bedeutung
für sie. Meine erste innerliche Reaktion war: Oh nein, muss
das sein?! Aber, lieber Leser, Sie haben das Buch bis hierher
gelesen und vielleicht bemerkt: Ich tue mich schwer damit
abzulehnen, wenn möglicherweise Gott tatsächlich am Werk
sein könnte. Ich einigte mich mit mir selbst darauf, dass ich
es ansprechen würde, sollte sich eine Gelegenheit geben. Natürlich kam eine und zwar am Ende des Gesprächs. Merkel
war kurz davor zu gehen, da berichtete ich ihr etwas nervös
in zwei Sätzen von dem Traum meines Bekannten. „Er hat
Sie in der Bibel lesen sehen", sagte ich. Merkel wandte sich
mir zu und fragte: „Was stand denn an der Stelle, die ich gelesen habe?" Es war ein ermutigender Vers, wir lasen ihn gemeinsam. Ich glaube, dass ihr das in diesem schwierigen Jahr
der Flüchtlingskrise und just nach den Kölner Übergriffen
und der scharfen Kritik an ihr gutgetan hat. Ich hatte auch
nicht das Gefühl, dass sie meine Botschaft einfach abgetan
hat. Sie hörte aufmerksam zu. So kam es, dass ich mit Angela
Merkel in der Bibel las.
  Ich traf Merkel in meinen Bundestagsjahren öfter und
natürlich waren diese Treffen in der Regel nicht von Bibel
und Gebet geprägt, sondern von Politik. Wobei, nicht immer: Eines ist mir in Erinnerung geblieben, weil es so viel
über den Menschen Angela Merkel verrät. Ich muss noch
heute lächeln, wenn ich daran denke. Immer mal wieder
schaute ich in der Parlamentarischen Gesellschaft gemein-

sam mit anderen Abgeordneten Fußball. Die Räume liegen direkt gegenüber dem Reichstagsgebäude, sind also für alle schnell zu erreichen. Wenn im Plenum etwas Unvorhergesehenes passieren sollte, ist man schnell zurück. Wir saßen dort eines Abends in lustiger Runde zusammen, etwa 25 Leute, die Parteien bunt gemischt: Linke, CDU, FDP. Im Fernsehen lief ein Championsleague-Halbfinale. Irgendwann in der zweiten Halbzeit knallte Bastian Schweinsteiger den Ball mit aller Wucht am Tor vorbei und hinter uns schrie auf einmal eine Frauenstimme laut auf. Ich blickte mich um und sah niemand Geringeren als Angela Merkel. Sie stand zwar nicht auf ihrem Stuhl, aber ihre Hände waren angespannt und vor lauter Ärger über den Fehlschuss war ihr ein ziemlich lauter Protestruf herausgerutscht. Damit waren für mich nicht nur die Zweifel darüber, ob Frau Merkel wirklich Fußballfan war, aufgelöst. Ich sah auch: Hinter der oft als so bieder und beherrscht wahrgenommenen öffentlichen Fassade steckte ein Mensch mit Herzblut. Ich war immer ein großer Bewunderer unserer langjährigen Kanzlerin und ich will sie gern genauso in Erinnerung behalten. Aufgeregt wie ein Kind oder einfach nur ein ganz normaler Fußballfan, die Fäuste geballt und kurze Zeit später wieder lachend.

12. Im Kampf gegen Menschenhandel

Ein Hochhaus in Köln. Ich sitze in einem Besprechungszimmer, in der Mitte ein langer Tisch, gepolsterte Stühle. Mir gegenüber: Alice Schwarzer. Die Alice Schwarzer. Frauenrechtsikone, Feministin, Befürworterin einer liberalen Abtreibungspolitik, Islamkritikerin. Schwarzer ist so vieles und hat im Laufe ihres Lebens viel Hass auf sich gezogen. Fromme Christen sehen sie überwiegend kritisch, weil Schwarzer das Thema Abtreibung Anfang der 70er-Jahre in den Mittelpunkt der gesellschaftlichen Diskussion geholt hatte. 374 mehr oder weniger prominente Frauen erklärten damals öffentlich: „Wir haben abgetrieben!" und kritisierten damit, dass Schwangerschaftsabbrüche laut Paragraf 218 Strafgesetzbuch in Deutschland illegal waren. Daran hat sich bis heute nichts geändert, auch wenn die Rechtslage rund um Schwangerschaftsabbrüche in letzter Zeit eine Liberalisierung erlebt hat. So schaffte der Deutsche Bundestag im Jahr 2022 das Werbeverbot für Abtreibungen ab. Das Thema ist besonders für christliche Lebensrechtler hochsensibel. Entsprechend sehen viele rot, wenn der Name Alice Schwarzer fällt. Doch auch von links hagelt es immer wieder Kritik an ihr, etwa weil Schwarzer das islamische Kopftuch als frauenfeindlich kritisiert. Und wegen eines anderen Themas, das mich an diesem Nachmittag nach Köln gebracht hat: Prostitution.

Während manche Feministinnen Sex für Geld als Errungenschaft weiblicher Selbstbestimmung darstellen, sieht Schwarzer darin einen Skandal. „Nur eine Welt ohne Prostitution ist human", sagte sie einige Monate vor diesem Treffen im Jahr 2013 der Tageszeitung „Die Welt". Kurz zuvor richtet sie einen „Appell gegen Prostitution" an Bundeskanzlerin Angela Merkel und den Bundestag, unterschrieben von Schauspielerinnen wie Senta Berger oder Maria Furtwängler, aber auch Politikern und Politikerinnen wie Heiner Geißler und Annegret Kramp-Karrenbauer (beide CDU). Und sogar von Kirchenpersönlichkeiten, etwa der ehemaligen Ratsvorsitzenden der Evangelischen Kirche in Deutschland, Margot Käßmann, oder der Ordensschwester Lea Ackermann. Eine einzigartige Aktion: Feministinnen, Politiker und Kirchenfunktionäre tun sich zusammen, um eines zu erreichen: eine strengere Prostitutionspolitik, mehr Aufklärung, besseren Schutz von Prostituierten und wenn nötig sogar die Bestrafung von Freiern. Das ist der Anlass, der mich an einen Tisch mit Alice Schwarzer gebracht hat, obwohl uns politisch doch in vielerlei Hinsicht Welten trennen.

Das Thema Menschenhandel bewegt mich, seit ich bei der Heilsarmee aktiv war. Und nicht nur, weil ich einst mit einer Prostituierten an der Bar der „Insel" stand. Catherine Booth, die Ehefrau des Heilsarmee-Gründers William Booth, setzte sich zeit ihres Lebens für Frauenrechte ein und kämpfte gegen Prostitution. Im Gründungsjahr der Heilsarmee 1865 kam sie auf den Straßen Londons zum ersten Mal in Kontakt mit Prostituierten – und fühlte sich ihnen auf seltsame Art verbunden. Jeder, so stellte sie für sich fest, ist in gleicher Weise ein Sünder in den Augen Gottes. Sie selbst ebenso wie die Frauen auf der Straße. Niemand ist in Gottes Augen mehr oder weniger wert. Und jeder hat in gleicher Weise Rettung verdient. Booth wollte nicht nur, dass Frauen predigen und auch außerhalb der

Kirche dieselben Rechte wie Männer haben. Sie wollte auch, dass sie frei sind von sexueller Ausbeutung. Wenn man so will, gehört der Kampf gegen Prostitution zu den drei internationalen Kernthemen der Heilsarmee neben dem Kampf für freien Zugang zu sauberem Wasser und dem Kampf gegen Aids. Seit ihrer Gründung engagiert sich die Heilsarmee für die Abschaffung jeglicher Sklaverei und beruft sich dabei unter anderem auf einen Vers aus dem Lukasevangelium:

„Gott hat mich gesandt, Gefangenen zu verkünden, dass sie freigelassen werden, Blinden, dass sie sehen werden, Unterdrückten, dass sie befreit werden und dass die Zeit der Gnade des Herrn gekommen ist." (Lukas 4,18–19; NLB)

Weltweit gibt es derzeit etwa 50 Millionen Sklaven, schätzen Experten. Dazu viele Formen der Ausbeutung: Organhandel, Kinderarbeit und illegale Ausnutzung von Arbeitskraft. Einen riesigen Anteil an heutiger Sklaverei macht die sexuelle Ausbeutung aus. Menschenhändler verdienen jährlich knapp 34 Milliarden US-Dollar. Und Deutschland steht zumindest in Europa im Zentrum dieser Entwicklung. Denn seit im Jahr 2002 das Prostitutionsgesetz in Kraft trat, gilt in Deutschland eine der liberalsten Regelungen Europas. Das Ziel dahinter war vermutlich ein nobles: Prostituierte sollten sich legal anmelden können und damit mehr Rechte erhalten, sich etwa versichern oder Lohn einklagen können. Die Realität sieht leider anders aus: Die Zahl der Prostituierten hierzulande wächst seit Jahren und Experten gehen davon aus, dass ein großer Anteil nicht freiwillig anschaffen geht. Viele der Prostituierten sind unter 21 Jahren. 80 bis 90 Prozent kommen aus dem Ausland. Deutschland zieht Menschenhändler und kriminelle Banden an „wie ein großer Staubsauger", schrieb der Spiegel im Jahr 2017. Die Ausbeuter nutzen die Not der in ihren Heimatländern oft Geringverdienenden aus, um Geschäfte zu machen. Allein im Jahr 2020 standen laut BKA 421 Personen in Deutschland unter dem Verdacht, andere sexuell auszubeuten. Und das ist nur die Spitze des Eisbergs. Aus dem europäischen Umland wie Bulgarien oder seit Kriegsbeginn verstärkt der Ukraine kommen Frauen nach Deutschland und verkaufen ihren Körper zu Dumpingpreisen, um ihre Familien in der Heimat versorgen zu können. Sie sprechen oft kaum Deutsch und sollten sie irgendwann aussteigen wollen, verweigern ihre Zuhälter ihnen nicht selten die Rückreise oder drohen ihnen und ihren Familien. Ich habe im Laufe der Jahre Hunderte solcher Geschichten gehört. So viele, dass ich nicht mal mehr müde lächeln kann, wenn mir jemand versucht zu erzählen, Prostitution sei ein selbstbestimmtes Geschäft.

Aber das war mir nicht immer bewusst. Als ich frisch im Bundestag war, kannte ich zwar die Not vieler Prostituierter aus meiner Arbeit bei der Heilsarmee. Aber die Ausmaße waren mir nicht bewusst. Schon nach meinem ersten Jahr traf ich auf Menschen, die mich liebevoll, aber bestimmt darauf aufmerksam machten. Dazu gehörten der Gründer des Jugendhilfevereins „Jumpers", Thorsten Riewesell, und die Referentin und Autorin Gaby Wentland. Es dauerte nicht lange, da saßen wir an den ersten Runden Tischen zum Thema zusammen. 2013 gründeten wir schließlich den Verein „Gemeinsam gegen Menschenhandel". Warum? Um sicherzustellen, dass niemand blauäugig auf das Thema Prostitution blickt. Wir wollten Fakten auf den Tisch legen und NGOs vernetzen. Was mich wieder zu dem Nachmittag mit Alice Schwarzer zurückbringt.

Sie hatte sich bei „Gemeinsam gegen Menschenhandel" gemeldet und um ein Gespräch gebeten. Obwohl wir aus unterschiedlichen politischen Ecken kamen, beschlossen wir auszuloten, was wir bei dem Thema gemeinsam bewegen konnten. Ich war wie immer gespannt auf diese Begegnung. Und ich habe entgegen all der frommen Vorurteile einen herzlichen Menschen kennengelernt. Eine Draufgängerin mit echten Überzeugungen. Ich erinnere mich noch gut an Schwarzers Worte:

„Ich nehme viele von euch als Christen wahr", sagte sie und fragte: „Warum höre ich die Kirchen nicht an dieser Stelle? Wer, wenn nicht Sie, müssen eine glaubhafte Stimme gegen Prostitution sein."

Sie hatte recht. Wer, wenn nicht wir Christen, sollten den gottgegebenen Wert des Menschen in den Vordergrund stellen. Prostitution verkennt diesen Wert. Sie reduziert den Menschen auf seinen Körper. Sie sieht nicht, dass er liebevoll gemacht ist. Deshalb bin ich inzwischen für die Einführung eines sogenannten Nordischen Modells in Deutschland, das Prostitution zwar nicht verbietet, wohl aber die Freier bestraft, die sie in Anspruch nehmen. Unsere europäischen Nachbarn haben es vorgemacht: Schweden, Norwegen, Nordirland, Irland und Frankreich haben eine solche Gesetzgebung eingeführt. Kritiker sagen, sie verlagere das Rotlichtmilieu in eine Dunkelzone, mache Prostitution unkontrollierbar. Ich sage: Sie ist es schon jetzt. Und mit einer neuen Gesetzgebung könnten wir nach und nach ein neues Bewusstsein schaffen. Eines, das zur Grundlage hat, dass jeder Mensch gleich wertvoll ist und niemand seinen Körper für Geld verkaufen sollte. Denn gekaufter Sex ist letztlich immer ein Gewaltakt. Manche sagen, eine bezahlte Vergewaltigung.

Bei einer Reise nach Uganda habe ich einmal eine Initiative besucht, die Aussteigerinnen aus der Prostitution half. Ich sehe die Frauen noch vor mir, wie sie da auf ihren einfachen Holzstühlen saßen, Nadel und Faden in den Händen, um Kissen zusammenzunähen. Diese Kissen waren ihr Weg raus.

Sie konnten sich damit ein wenig Geld dazuverdienen. Wer schon einmal mehrere Tage am Stück mit der Hand genäht hat, weiß: Auch das hat seinen Preis. Die Hände schmerzen. Die Finger bilden Schwielen. Die Augen werden schwer. Und doch war es für diese Frauen ein Weg in die Freiheit.

Ich habe eines dieser Kissen mit nach Berlin genommen und bei einer meiner Reden im Bundestag gezeigt. Ich habe von den Vergewaltigungen erzählt. Den Schlägen und Tritten. Den Abhängigkeiten, aus denen sich die Näherinnen langsam herauskämpften, damit sie wieder ganz für ihre Kinder da sein konnten. Damit sie überlebten. Ich weiß, Uganda ist nicht Deutschland. Aber die Nöte sind ähnlich. Viele, die sich prostituieren, wollen einfach nur ihre Familien ernähren. Und viele von ihnen erleben dieselbe Gewalt wie die Frauen, die ich in Uganda traf. Die Trauma-Therapeutin Ingeborg Kraus sagte einmal über ihre Patientinnen, die sich prostituiert hatten:

„Dieser Beruf ist gefährlicher, als in den Krieg zu ziehen."

Erst kürzlich saß ich selbst mit ihr auf einem Podium und sie wiederholte ihre Aussage: Die Traumata von Prostituierten seien ähnlich wie die von Folteropfern.

Und tatsächlich kann es nahezu jeden treffen. In einem Gespräch mit dem Christlichen Medienmagazin PRO sagte der Streetworker Gerhard Schönborn, der in Berlin das Hilfsangebot „Café Neustart" betreibt, jüngst:

„Zu uns ins Café kommen alle möglichen Frauen, sogar welche aus einem christlichen Elternhaus. Viele kommen aus desolaten familiären Verhältnissen, aber auch aus sogenannten guten Verhältnissen. Die Frauen haben gemeinsam, dass irgendwo auf ihrem Weg etwas schiefgelaufen ist."

Armut, Drogen und Missbrauchserfahrungen seien die Hauptgründe dafür, dass Frauen oder auch Männer in der Prostitution landen.

Als ich damals im Bundestag vom Leid der Frauen berichtete, da sah ich in vielen Abgeordnetenaugen Mitgefühl. Es ist genau dieses Mitgefühl, das wir auch gesamtgesellschaftlich brauchen. Das Rotlichtmilieu ist für viele Deutsche noch eine irgendwie faszinierende Sphäre. Etwas, über das man entweder gar nicht spricht oder – wenn überhaupt – verschämt darüber witzelt. Oder noch schlimmer: Das man verharmlost. Ich habe mal in einer Fraktionssitzung gesagt:

„Hier sitzen 199 Männer im Raum, durchschnittlich waren wir alle in den letzten sechs Wochen einmal im Puff. Da wir das wahrscheinlich nicht waren, sind 199 andere zweimal gegangen."

Anschließend kam ein Abgeordneter zu mir und scherzte:

„Wieso unterstellst du mir eigentlich einfach so, ich würde nicht in den Puff gehen?!"

Gelacht habe ich nicht. Der Mann war zu allem Überfluss einer meiner näheren Kollegen und außerdem Christ.

Wir müssen weg von dieser Verharmlosung. Ich habe mir selbst lange Zeit keine großen Gedanken über das Thema Prostitution gemacht. So nach dem Motto: In meiner frommen Blase ist das auch nicht nötig. Aber das stimmt nicht. Auch Christen gehen zu Prostituierten und selbst wenn sie es nicht täten, dann wäre es umso mehr ihre Aufgabe, Frauen und Männern, die im Milieu ausgebeutet werden, zu helfen. Stattdessen verdrängen wir das Problem der Prostitution, so, als ginge uns das nichts an. Das muss aufhören. Gibt es auch freiwillige Prostitution, werde ich manchmal gefragt. Und würde man mit einem Nordischen Modell diesen Frauen nicht Unrecht tun? Ich habe tatsächlich einmal eine Frau getroffen, die mir sehr glaubhaft vermittelt hat, dass sie sich mit der Prostitution Geld für ihr Medizinstudium verdient. Ganz ohne Zwang. Es mag sein, dass es mehr gibt wie sie. Dennoch überwiegt die Zahl der Geknechteten und

Versklavten. Um ihrer willen müssen wir etwas ändern. Ich möchte nicht in einem Land leben, das es weiterhin für wahlweise ein Kavaliersdelikt oder gar eine Heldentat hält, sich eine Frau zu kaufen. Im Sinne der Emanzipation brauchen wir einen Paradigmenwechsel. Ich sage es nochmal mit den Worten von Gerhard Schönborn:

„Die Frauen werden von Männern ausgebeutet. Selbstbestimmte sogenannte Sexarbeit gibt es kaum. Jeder Freier macht sich schuldig."

Immerhin merke ich, wie sich bei dem Thema langsam etwas bewegt. In meinen letzten Jahren im Bundestag hat sich ein überfraktioneller Arbeitskreis mit dem Titel „Prostitution, was nun?" gegründet. In mehreren Parteien gibt es mittlerweile Arbeitsgruppen zum Nordischen Modell. Und ich werde dranbleiben, in und außerhalb des Parlaments.

13. Skateboardfahrt in ein neues Leben

Das Reichstagsgebäude ist in sanftes Licht getaucht. Die Fenster leuchten hell, drinnen wird offensichtlich noch gearbeitet. Doch ich sitze nicht im Plenum wie so oft in den letzten 12 Jahren. Ich habe auf einem Klappstuhl vor den Stufen des Haupteingangs Platz genommen und blicke nach oben. Nicht auf den Bundesadler, wie an meinem ersten Tag im Bundestag. Sondern auf den Schriftzug, der die Vorderseite des Reichstagsgebäudes ziert, der auf Abertausenden Touristenschnappschüssen deutlich zu lesen ist und mir bis zu diesem Abend Arbeitsauftrag war. „Dem Deutschen Volke" steht dort in großen schnörkeligen Lettern. Ich bin nicht allein. Um mich herum haben sich viele Kollegen und Wegbegleiter der letzten Jahre eingefunden. Dann marschieren die Fackelträger der Deutschen Bundeswehr ein. Die Marschkapelle spielt. Flammen leuchten in der Berliner Nacht, Trommeln geben den Takt vor, in dem die Soldaten ihre Plätze vor dem Parlamentsgebäude einnehmen.

Die letzten großen Zapfenstreiche habe ich noch am Fernseher miterlebt, etwa als der ehemalige Bundespräsident Christian Wulff verabschiedet wurde oder als Ursula von der Leyen ihr Amt als Verteidigungsministerin abgab. Dieses Mal sind die Soldaten und Politiker zusammengekommen, um die beteiligten Deutschen am jüngst beendeten Afghanistan-Einsatz zu würdigen. Phoenix berichtet live, während die Politik dieser Tage besorgt Richtung ehemaligem Einsatzgebiet blickt. Es geht hier um vieles: Um die Ehre der Soldaten, um die Erinnerung an die Gefallenen und um die Sorge um jene Ortskräfte, die in Afghanistan bleiben mussten. Für mich hat dieser Abend eine weitere Bedeutung. Es ist mein erster Zapfenstreich, bei dem ich live anwesend bin und zugleich meine letzte offizielle Veranstaltung als Abgeordneter. In 13 Tagen, am 26. Oktober 2021, werde ich offiziell meinen Platz räumen. Dann konstituiert sich der neue Bundestag und die Zeit der nicht Wiedergewählten geht zu Ende.

Die Kapelle spielt einen Marsch, dann ein Lied aus dem Film „Band of Brothers" und ich lausche gebannt. Plötzlich erklingt ein Befehl, den ich so noch nicht gehört habe:

„Helm ab zum Gebet."

Langsam und in absolutem Gleichmut setzen alle Soldaten zugleich ihre Helme ab. Und die Kapelle spielt erneut. Ein Lied, das ich nur zu gut kenne: „Ich bete an die Macht der Liebe". Der Text erklingt an diesem Abend nicht, aber ich kenne ihn in- und auswendig. Es war das Lieblingslied meines Vaters. Die zweite Strophe erklingt in meinem Kopf, während die Instrumente die Nacht erfüllen.

Ich bete an die Macht der Liebe,
die sich in Jesus offenbart;
Ich geb mich hin dem freien Triebe,
wodurch ich Wurm geliebet ward;
Ich will, anstatt an mich zu denken,
ins Meer der Liebe mich versenken.
(Gerhard Tersteegen)

Die Tränen laufen mir die Wangen herunter. Da ist dieser Gott wieder, der mich hierherbrachte. Ich spüre sehr deutlich: Er ist hier, auch an diesem letzten großen Abend. Er ist mit mir im Abschied. Er geht mit mir, wohin auch immer mein Weg mich führt.

Nach einer Stunde endet der Zapfenstreich mit einem weiteren Marsch. Die Fackelträger ziehen wieder von dannen und wir Gäste gehen nach drinnen, um Häppchen und Getränke zu uns zu nehmen. Im Reichstagsgebäude treffe ich Omid Nouripour, heute Bundesvorsitzender der Grünen. Ich kenne ihn schon lange, gemeinsam haben wir in inoffiziellen Treffen Gemeinsamkeiten zwischen Grünen und Union ausgelotet. Wir schätzen uns und sind beide Politiker, die sich nicht an Parteigrenzen stoßen. Er weiß von meiner Abwahl, ihn selbst hat dieses Schicksal nicht ereilt.

„Was sollen wir denn nun bloß ohne dich machen", sagt er halb ernst, halb scherzhaft und klopft mir auf die Schulter. Wir geben uns die Hand und verabschieden uns. Auf dem Weg zum Büro treffe ich einen anderen Weggefährten. Wie ich stammt er aus Sachsen, aber er hat es mehrmals bis zum Minister gebracht: Thomas de Maizière. Ich berichte ihm von meiner Überraschung, ein christliches Lied beim Zapfenstreich gehört zu haben. Er klärt mich auf:

„Dieses Lied gehört zu jedem Zapfenstreich dazu, Frank. Es ist Teil unserer Kultur!"

Bis heute erzähle ich das gerne all jenen, die nach wie vor meinen, die große Politik sei eine völlig gottlose Sphäre.

Die nächsten Tage gehen vorbei wie im Flug. Mein Büroteam räumt auf und schreddert Akte um Akte. Denn wir Abgeordneten dürfen nichts aus dem Bundestag mitnehmen. Und viele Daten sind vertraulich. Dann kommt der 26. Oktober. Von meinem Büro aus erleben wir auf dem Fernsehbildschirm mit, wie all die neuen Abgeordneten ihre Plätze einnehmen. Genau wie ich vor zwölf Jahren sind viele von ihnen zuvor staunend durch das Hohe Haus gelaufen. Wie ich damals müssen sie nun lernen, wohin die Gänge führen.

Und wie sie sich nicht im Labyrinth des Bundestages ver-
laufen.

Ich selbst habe mir für diesen letzten Abend etwas Besonderes vorgenommen. Eine meiner Mitarbeiterinnen hat mir das
Skateboard ihres Sohnes mitgebracht. Ich fahre ein paarmal
unsicher auf dem Gang vor meinem Büro hin und her. Das
letzte Mal stand ich vor 35 Jahren auf einem solchen Brett
und selbst da war ich nicht wirklich ein Skater. Nach mehrma-
ligem Hin- und Herfahren kann ich mich immerhin auf dem
Board halten, ohne hinzufallen. Mehr wird es nicht brauchen.

Um kurz vor Mitternacht wandern ich und mein engster
einstiger Mitarbeiter und guter Freund Uwe Heimowski hi-
nauf in die Reichstagskuppel. Normalerweise sind Fahrgerä-
te hier nicht erlaubt, aber ich habe schon am Nachmittag mit
dem Sicherheitspersonal gesprochen und die haben mir eine
Ausnahme gestattet.

Wenige Sekunden vor dem Ende dieses Tages stehe ich
ganz oben. Die Sonne ist schon längst untergegangen, ich
blicke noch einmal durch die gläserne Kuppel auf die Lichter
der Hauptstadt und auf das Regierungsviertel, das so lange mein Arbeitsplatz war. Hier habe ich für meine Anliegen
gekämpft, hier habe ich mit Kollegen gestritten, aber auch
gebetet, im Namen Gottes gesegnet und ihn immer wieder
gefragt: Wohin führt mein Weg? Ich wende den Blick ab in
Richtung Boden. Dort stehen die Worte „Weg nach unten".
Ist das für mich gemeint? Muss einer, der mal ganz oben war,
wieder unten ankommen? Neu lernen, ein ganz normaler Teil
der Gesellschaft zu sein ohne politische Privilegien? Oder bin
ich immer am Boden geblieben, wie ich es mir vorgenommen
hatte? Habe ich es geschafft, ich selbst zu bleiben? Das müssen andere bewerten, sage ich mir.

Und dann stoße ich mich vorsichtig ab. Auf dem Board
rolle ich in Richtung neues Leben. Es ist wackelig, ich bin

immer wieder versucht, mich am Geländer festzuhalten, aber irgendwie schaffe ich es dann doch allein. Ohne zu stürzen. Als ich um Punkt Mitternacht unten ankomme, blicke ich kurz zurück nach oben. Es war ein weiter Weg. Und mein weiterer wird vermutlich erstmal ebenso wackelig sein wie mein Stand auf dem Skateboard. Aber ich werde ankommen. Auf Wiedersehen, Bundestag, denke ich. Das soll es nun gewesen sein. Zumindest hier.

Doch nicht ganz. Uwe und ich sind die letzten in der Kuppel. Selbst das Sicherheitspersonal ist schon gegangen. Wir steigen in den letzten Fahrstuhl, der noch aktiv ist. Als wir am Haupteingang ankommen, finden wir alle Türen verschlossen vor. Wir sind offenbar die Letzten hier! Ist das nicht ein herrlicher Witz: So viele Politiker wollen niemals raus aus dem Bundestag. Aber ich, der ich bereit war zu gehen, kann nicht raus.

Zu guter Letzt finden wir ein offenes Treppenhaus, doch der Weg führt uns ebenfalls nicht zum Ausgang, sondern ausgerechnet zum Plenarsaal. Und siehe da: Die Tür zur Pressetribüne ist nicht verschlossen. So komme ich doch noch ein letztes Mal an meinen alten Arbeitsplatz. Ich blicke noch einmal auf die Federn des Bundesadlers, dieses Mal ohne Nervosität. Kein Grund zum Zählen. Stattdessen nehme ich endgültig Abschied – mit einem geliehenen Skateboard in der Hand.

14. Noch ein Abschied und ein neuer Anfang

Nach meinem Ausstieg aus dem Bundestag – denn ja, wir haben den Ausgang aus dem Reichstagsgebäude zu guter Letzt gefunden – plante ich meinen weiteren Weg in drei Schritten.

Erstens: Abwickeln.

So vieles musste noch erledigt werden. Büros räumen, Verträge kündigen, ein Leben fernab von Berlin organisieren, letzte unfertige Dinge erledigen. Ich nahm in dieser Zeit auch schmerzvoll Abschied von meinen Mitarbeitern. Wir verbrachten noch einmal einige Tage in einem Kloster und sprachen über unsere Träume und weiteren Wege. Wir haben uns vorgenommen, das im Jahr 2023 zu wiederholen. Ohne Wegbegleiter wäre ich nichts. Auch nicht im Bundestag.

Zweitens: Orientieren.

Ich schrieb eine Liste mit Optionen für die Zukunft. Darauf landete alles, was mein Herz ausspuckte und was ich im Gebet zu hören glaubte. Mit dabei waren Organisationen, die mich auf meinem Weg geprägt und begleitet hatten und bei denen ich mir eine Mitarbeit vorstellen konnte: Die „International Justice Mission" etwa, die sich gegen Sklaverei stark macht. Oder World Vision. Doch auf der Liste finden sich auch zwei Namen, die mich besonders bewegt haben. Die Heilsarmee und die Deutsche Evangelische Allianz. Letztere wurde mein neuer Arbeitgeber. Und von Ersterer habe ich mich unter großen Schmerzen getrennt.

Tatsächlich plante ich zunächst, zur Heilsarmee zurück-

zukehren. Mein Herz war immer dort gewesen. Sie ist Dreh-
und Angelpunkt vieler Jahre meines Lebens. Ich weiß nicht,
woran es am Ende lag, aber wir kamen nicht mehr zusammen. Köln machte mir kein echtes Angebot und ich fand keinen rechten Zugang. So begrub ich die Idee. Im wahrsten
Sinne. An einem ruhigen Tag im Jahr 2022 nahm ich meine
Schulterklappen, die ich so viele Jahre getragen hatte. Und
vergrub sie in meinem Garten. Ich beerdigte damit die Idee,
dass ich meine alte Geschichte weiterschreiben könnte. Ich
beerdigte den Offizier in mir. Ich litt unter diesem Abschied
weit mehr als unter dem vom Bundestag. Letztens besuchte
ich mal wieder die Heilsarmee in Chemnitz. Jenes Haus, in
dem wir einst wohnten und in das schon vor Jahren unsere
Nachfolger eingezogen sind. Als ich den Gottesdienstraum
betrat, kam eine junge Frau auf mich zugestürmt, nahm mich
in die Arme und rief mir ins Ohr:

„Happy, wie cool, dass du hier bist!"

Ich hatte meinen alten Spitznamen lange nicht gehört und
stolperte vor Überraschung fast rückwärts aus dem Raum.
Wenn ich nun daran denke, dann muss ich schlucken. All die
Jahre, die beerdigten Schulterklappen, der Abschied – und
doch bleibt die Verbindung wohl für immer bestehen, egal,
was ich tue.

Drittens: Ein Sabbatical.

Nach all den Jahren des Arbeitens und Fort-Seins von
meiner Familie verbrachte ich ein mehrteiliges Sabbatical
mit Regina. Wir reisten im März und April nach meinem
Abschied aus dem Bundestag mit dem Auto rund um die
Iberische Halbinsel, ließen uns treiben und planten so gut
wie nichts. Wir buchten unsere Unterkünfte oft erst wenige
Stunden vor unserer Ankunft und ließen uns jeden Tag aufs
Neue auf dieses Abenteuer ein. In einer zweiten Runde im
Sommer taten wir das Gleiche in Frankreich, Großbritannien

und Irland. Wir genossen Weite, Zweisamkeit, Freiheit und das Warten auf neue Wege. Wir holten nach, was wir lange nicht tun konnten. Es war wie ein Befreiungsschlag.

Als wir zurückkehrten und ich meine drei Punkte abgearbeitet hatte, wusste ich nach wie vor nicht, wo es hingehen sollte. Bis dato hatte sich keiner meiner Punkte auf der Liste verfestigt. Es waren vor allem enge Vertraute, die mir dazu rieten, meinen Weg weiter mit der Evangelischen Allianz zu gehen. Nun mag sich mancher fragen, warum. Immerhin habe ich auf den Seiten dieses Buches viel über meine auch schlechten Erfahrungen mit vielen frommen Christen berichtet. Doch das ist kein Grund für mich, eine Berufung abzulehnen. Es ist eher ein Ansporn, den Weg erst recht zu gehen.

Denn ich habe mir immer schon gewünscht, dass die Kommunikation zwischen verschiedenen christlichen Gruppen, aber auch zwischen Politik und Christen besser wird. Genau dafür steht die Allianz.

Ich kenne die Evangelische Allianz seit meiner Kindheit. Das Erste, was ich denke, wenn ich Allianz höre, ist: Grenzenlosigkeit. Und zwar im besten Sinne. Es ist egal, aus welcher Gemeinderichtung man kommt, dort ist ein verbindender Ort. Lutheranern, Pfingstler, Baptisten oder Brüdergemeindler sitzen dort an einem Tisch. Sie beten zusammen, planen Veranstaltungen wie etwa Evangelisationen. Und es gibt weniges, was ich mehr liebe, als wenn unterschiedliche Menschen an einem Tisch sitzen und sich zusammentun. Konservative mit Progressiven. Charismatische mit Gesetzten. Bibeltreue mit Historisch-kritischen. Wir können uns nur gegenseitig bereichern, wenn wir versuchen, voneinander zu lernen. Wenn wir immer nur die Unterschiede betonen, kommen wir nicht weiter. Mein Leben ist Zeugnis davon.

Die Evangelische Allianz hat gerade einen Umstrukturierungsprozess hinter sich. In diesem Prozess hat sie mich als einen von zwei Vorständen eingesetzt. Zugleich gibt der bisherige Politikbeauftragte in Berlin, mein Freund Uwe Heimowski, sein Amt auf. Ich werde einen Teil seiner Aufgaben als Vorstand übernehmen. Das bedeutet: Ich werde an der Schnittstelle zwischen Kirchen und Politik sitzen. Ich werde den Abgeordneten Gesprächspartner und Seelsorger sein. Und nicht zuletzt werde ich versuchen, manche für Christen wichtige Themen ins Gespräch zu bringen. Konkret sind das für mich vier:

- Der Kampf gegen Menschenhandel und Sklaverei, nicht nur im Sinne von Prostitution, sondern auch etwa in der weltweiten Produktion von Konsumgütern
- Religionsfreiheit
- Das Thema Israel im Sinne einer ordentlichen und überlegten Haltung zu diesem Staat jenseits der rein theologischen Dimension
- Und nicht zuletzt Lebensrecht. Damit ist einerseits der Kampf gegen eine liberale Abtreibungspolitik gemeint, aber auch etwa für eine würdige Regelung der Sterbehilfe. Und für mich auch globale Hilfe, etwa bei internationalen Katastrophen

So bleibe ich auch bei der Evangelischen Allianz der Politik treu. Im Grunde vereine ich dort sogar meine beiden Berufungen: Die zur Heilsarmee, bei der ich direkt helfen und den Menschen auch von meinem Glauben erzählen konnte. Und die in die Politik, in der ich mich der Verbesserung der Strukturen gewidmet habe. So soll es auch bei der Allianz sein. Und am Ende ist es wie überall, wo Gott mich hingestellt hat: Es geht um Menschen, um das Miteinander, um Beziehungen. Ohne das bin ich nichts. In der Bibel steht, dass Menschen, die den christlichen Glauben nicht teilen, Christen an ihrer Liebe zueinander erkennen. Dafür will ich mich nun engagieren. Für die Liebe untereinander. Damit es irgendwann keine Kotzordner mehr braucht. Und wir uns alle gemeinsam in all unserer Unterschiedlichkeit gemeinsam für das Reich Gottes einsetzen können.

Epilog

Über ein Jahr ist vergangen, seit ich meinem Smartphone die Sätze diktierte:

„Gott, ich vertraue dir, dass du jeden Schritt führst, der da kommt. Dein Wille geschehe."

17 Monate, seit ich die ersten Hochrechnungen der Bundestagswahl 2021 auf der Leinwand im Chemnitzer Rathaus gesehen habe. Seit meiner Wahlniederlage. Und dem Neuanfang.

Mein Leben ist heute ein anderes. Und das ist gut so. Ich bin öfter zu Hause. Gerade genießen Regina und ich vor unserem Haus in Chemnitz einen Zigarillo, ganz in Ruhe, die Termine lauern nicht mehr in meinem Nacken wie ein bissiger Hund. In meinem Postfach warten keine neuen E-Mails für den Kotzordner. Oder zumindest nur noch selten. Wir blicken auf die Felder neben unserem Haus, auf die Silhouette von Chemnitz, die sich hinter dem abschüssigen Gelände zeigt. Heimat. Hier bin ich nun angekommen. Zum zweiten Mal.

Vor unserem Haus parkt ein Bagger. Meine Tochter Janine will in ein paar Monaten mit ihrem Mann Julius und unseren drei Enkeln Luke, Rosa und Noah neben uns einziehen. Schon jetzt sind sie hier. Sie leben seit einigen Monaten zum Übergang mit in unseren vier Wänden. Die Eltern kümmern sich um den Bau, während wir Großeltern mit den Kindern Brettspiele spielen, basteln und malen.

Fingerfarbe ist an die Stelle grauer Anzüge gerückt, würde manch einer vielleicht sagen, der mein Leben im Bundestag mit dem heutigen vergleicht. Doch ganz so leicht mache ich es mir nicht. Die Zeit als Parlamentarier gehört sicher zu den anstrengendsten meines Lebens. Und meine Familie kam oft zu kurz. Doch sie war auch gefüllt mit herzlichen und herzerwärmenden Begegnungen. Mit harter Arbeit, beherzten Auseinandersetzungen, auch Enttäuschungen, vor allem aber mit Liebe, Demut und göttlicher Fügung. Ich bleibe dabei: Abgeordneter möchte ich nicht mehr sein, zumindest solange Gott nicht ein weiteres Mal mit dem Zaunpfahl winkt. Und dennoch kann ich nicht umhin, die Zeit im Hohen Haus gelegentlich zu vermissen.

Der Zigarillo ist aufgeraucht, ich gehe nach drinnen, durch den kleinen Flur, in dem jetzt neben meinen schwarzen Lederschuhen auch Kindergummistiefel ihren Platz gefunden haben. In der Küche öffnet Janine gerade mit Luke einen Experimentierkasten. Heute werden hier Flummis produziert. Ich gehe weiter ins Wohnzimmer, werfe einen kurzen Blick aus dem Fenster. Draußen wartet die frisch ausgehobene Grube darauf, mit Wasser befüllt zu werden, damit aus ihr irgendwann ein naturbelassener Schwimmteich wird, wie wir es geplant haben. Ich bin gerade 59 Jahre alt geworden, wer kann in dem Alter schon sagen, er sei froh darüber, dass sein Leben eine Baustelle ist? Ich schon! Das Leben ist Umbruch und Ruhe, ich brauche beides zu gleichen Teilen, dann bin ich glücklich.

Ich drehe mich nach rechts und blicke auf den einzigen Teil unseres Hauses, der mich an die Zeit im Bundestag erinnert. Wer vom Wohnzimmer drei Stufen hinabsteigt, steht in dem, was ich Afrikazimmer nenne. Eigentlich ist der Raum mehr eine Erweiterung des Wohnbereichs, nicht durch eine Tür abgetrennt, Teil unseres Familienlebens, nichts, wohin man sich zurückzieht. Mein rotbrauner Ohrenbackensessel steht vor einem Bücherregal, das bis zur Decke reicht. Ich nehme

Platz. Links von mir hängt die große Landkarte, die mich an meine Reisen erinnert. Rechts das Bild des Löwen. Er beobachtet mich mit stolzer Ruhe. Ich blicke auf die Geschenke aus aller Welt, die ich hier gesammelt habe: Eine Lampe, deren Schirm von einem Elefanten aus Metall gehalten wird. Zwei Figuren aus Ebenholz, die mir der Präsident der Zentralafrikanischen Republik mal geschenkt hat. Ein Hut aus Lesotho, von der Botschafterin überbracht. Eine Trachtenpuppe von Kindern aus der Ukraine. Ein Tuktuk in Miniatur, die asiatische Art des Taxis, bestehend aus einer Kabine, an den Seiten offen und von einem Roller gezogen. Mittendrin zwei Holzwaggons zum Spielen. Dieses Mal nicht aus fernen Ländern, sondern Erinnerungen an meine eigene Kindheit. So kommt alles zusammen: Die Wege, die ich in der Politik ging, und der Weg, der mich dorthin gebracht hat: Das Aufwachsen im frommen Altenheim, die Reisen nach Rumänien, das Sozialarbeitsstudium und schließlich meine Zeit bei der Heilsarmee. Die Wahl. Und dann das Eintauchen in ein völlig neues Leben.

Manchmal frage ich mich, wie es möglich ist, man selbst zu bleiben in 12 Jahren Bundestag. Ist mir das gelungen? Macht kann Menschen verändern und selten zum Besseren. Termin- und Konkurrenzdruck ebenfalls. Oder die Wut von Glaubensgeschwistern, die sich gegen einen richtet. Das Erkennen der eigenen Ohnmacht im Angesicht globaler Katastrophen oder Menschenrechtsverletzungen. Manche werden zynisch, andere egoistisch, wieder andere geben auf.

Ich hatte mir von Anfang an vorgenommen, Mensch zu bleiben. Nicht irgendeiner, sondern Frank Heinrich. Der, der mit den Kindern des Chemnitzer Kassbergs kickert. Der, der mit den Jesus Freaks im Keller Gottesdienste feiert. Der, der von einer Prostituierten in Freiburg für einen Barkeeper gehalten wird. Der, der vor der Rumänischen Botschaft für die

Freiheit seines Freundes demonstriert. Der, der auf die Bäume vor unserem Altenheim klettert.

Ist mir das gelungen? Beurteilen Sie selbst. Ich kann nur davon erzählen, was mir dabei geholfen hat, dieses Ziel nicht aus den Augen zu verlieren und mich ihm zu nähern. Ich will es aufschreiben als Hilfe für die, die nach mir kommen. Für die jungen Abgeordneten, die ihren Weg noch finden müssen und sich dabei hoffentlich nicht verlieren. Was würde ich also dem Frank Heinrich raten, der im Oktober 2009 zum ersten Mal den Bundestag betrat und die Augen weit aufriss wie ein kleiner Junge?

Verlerne nicht zu staunen!

Gerade habe ich mit meinem siebenjährigen Enkel den Superbowl geschaut. Wir haben mitten in der Nacht vor dem Fernseher gesessen. Er hat noch nie so ein Spektakel gesehen. Ich sah seine glänzenden Augen und dachte: Ja! So will ich noch mit 90 Jahren auf die Welt um mich herum blicken. Nur wenn ich staunen kann über die Schönheit der Dinge, kann ich die Welt auch dann zum Besseren verändern wollen, wenn gerade wieder einmal alles unterzugehen droht. Wer staunt, wird nicht zynisch. Wer staunt, sucht das Beste in allem und in allen. Hätte ich nicht bis zum Ende meiner Bundestagszeit darüber gestaunt, dass ich Abgeordneter geworden bin und als solcher um die Welt reisen konnte, hätte mich der Druck, der mit dem Job einhergeht, vielleicht fertig gemacht. Aber ich bin ein staunendes Kind geblieben. Andersherum funktioniert das Ganze übrigens genauso: Ich habe ebenso wenig verlernt, betroffen zu sein. Das Leid von Christen, die verfolgt werden, rührt mich nach wie vor zu Tränen, auch wenn ich nun schon tausend Geschichten dazu gehört und gelesen habe. Die Not von Zwangsprostituierten trifft mich immer noch wie ein Schlag ins Gesicht. Jede ihrer Geschichten. Es ist kein Zeichen besonderer Professionalität, im Angesicht brutaler Verbrechen ungerührt zu bleiben. Das Gegenteil ist der Fall. Lassen wir uns also bewegen. Vom Guten wie vom Schlechten.

Sei dankbar!

Mulțumesc heißt Danke auf Rumänisch. Rumänien hat mich gelehrt, dass wir selbst in der größten Not dankbar sein können. Dankbarkeit ist eine Herzenshaltung, sie hat nichts mit den Umständen, in denen wir leben, zu tun. Wer dankbar ist, lässt sich weniger erschüttern: Von bösen E-Mails, von Stimmenverlusten, von der eigenen Überforderung.

Gesteh dir ein, dass du nicht allen Aufgaben gerecht werden kannst!

Politiker leben in einem Spannungsfeld, irgendwo zwischen Ehe und Familie, Bundestag, Wahlkreis, Freundschaften, Freizeit, Besinnung, Dienstreisen. Ich musste lernen, dass ich niemals an all diesen Fronten allen Erwartungen gerecht werden konnte, die mir auferlegt wurden. Ich konnte unser Haus nicht renovieren, weil ich ständig in Berlin war. Das musste zum Großteil Regina übernehmen. Ich konnte nicht an mein Handy gehen, wenn ich mit meiner Familie Brettspiele spielen wollte, darauf musste mich meine Tochter erst hinweisen. Ich konnte nicht allen alten Freunden Zeit schenken, ich habe ausgewählt, welche Beziehungen mir wirklich wichtig waren. Dabei waren immer vor allem Menschen, die mich erden konnten. Die mir gezeigt haben, dass Berlin nicht alles ist.
Die Bibel sagt, es gibt eine Zeit für alles, aber selbst, wenn ich mir die Dinge gut eingeteilt habe, bin ich niemals allen

und allem gerecht geworden. Und ich musste erkennen, dass ich schlicht nicht alles kann. Zum Beispiel bin ich schlecht darin, Dinge durch Lesen zu erfassen. Dicke Ordner mit Texten über die aktuelle Weltlage trieben mich schier in den Wahnsinn. Ich brauchte im Bundestag Hilfe von meinen Büromitarbeitern. Sie mussten mich briefen, mir Themen nahebringen und mir helfen zu verstehen. Ich bin noch nicht fertig damit, mir meine eigene Unvollkommenheit einzugestehen. Aber eines kann ich mit Sicherheit jetzt schon sagen: Der Bundestag ist kein guter Ort für Perfektionisten.

Halte dein Haus in Ordnung!

Lüfte regelmäßig durch, lass dein inneres Ich nicht verstauben. Leere den Mülleimer. Praktisch bedeutet das drei Dinge: Ich habe immer wieder Zäsuren in mein Leben eingebaut. Etwa als ich in den USA nach dem National Prayer Breakfast festsaß, bei Spaziergängen die Skifahrer auf den Straßen Washingtons beobachtete und für mich Ziele formulierte, die ich in naher Zukunft erreichen wollte.

Ich habe alle Dinge, die mich in meiner Bundestagszeit bewegt haben, für mich formuliert und damit auch ein Stück weit aufgearbeitet. Etwa indem ich es meinem Audiotagebuch erzählt habe. Oder Menschen, die mir nahestanden.

Und ich habe meinen emotionalen Müll an Gott weitergegeben. Einem Politiker kann es leicht passieren, dass ihn die Frustration übermannt. Ich glaube, besonders dann, wenn er es Tag für Tag mit schlimmsten Verbrechen an den Schwächsten zu tun hat, wie zum Beispiel im Menschenrechtsausschuss. Immer dann, wenn ich hörte, dass unschuldig Gefangene nicht freikamen, dass Menschen hingerichtet wurden und Kriege ausbrachen, habe ich meinen Draht zu Gott heißlaufen lassen. Ich habe bekannt, dass ich schwach bin und ohne ihn nichts kann. Und ich habe mich daran erinnert, dass er es ist, der mich hält und wertvoll gemacht hat, und nicht mein Erfolg. „Du bist ein Gott, der mich sieht" lautet ein wichtiger Satz der Bibel, die Jahreslosung des Jahres 2023. Ich lebe in und von der Erkenntnis, dass Gott mich sieht und kennt und mich sein Kind nennt.

Halte dich an deine Prinzipien!

In 12 Jahren im Deutschen Bundestag habe ich immer versucht, jede Woche einen Tag freizunehmen für die Familie oder auch mal für mich allein. Das ist eines meiner goldenen Prinzipien. Jeder mag andere Regeln für sich selbst aufstellen. Das war eine von meinen. Ich habe das nicht immer geschafft. Das ist Teil meiner Unvollkommenheit. Aber ich konnte mich an dieser Leitlinie und einigen anderen entlanghangeln, wenn ich Entscheidungen treffen musste. Etwa, ob ich einen weiteren wichtigen Termin annehmen sollte oder nicht.

Das Leben dreht sich nicht um Titel, sondern um Geschichten!

Einer meiner Lieblingsprediger ist Tony Campolo. In einer seiner für mich bewegendsten Predigten sagte er genau diesen Satz, der auf Englisch noch viel besser klingt: „It's not about your title, it's about your testimony." Was er meinte war: Es ist egal, ob du König, Kaiser oder Präsident bist. Das allein macht nichts aus dir. Sondern deine Lebenserfahrung. Das, was du mit Gott erlebt hast und was davon bleibt: Dein Zeugnis. Die Geschichten, die du erlebt hast und die du weitergeben kannst.

Niemals würde ich ein Amt eintauschen gegen das Reisen und die Erfahrungen, die ich machen durfte. Ich bin unendlich dankbar, dass ich in jener Kirchenbank in Nigeria sitzen durfte und mit meinen eigenen Augen gesehen habe, welches Leid sich dort zugetragen hat. Ich bin dankbar, dass ich davon in Deutschland erzählen konnte, denn nur wenn wir Zeugen sind, können wir die Dinge zum Besseren verändern. Ich bin dankbar, dass ich einer Vietnamesin aus dem Gefängnis heraushelfen konnte. Und dass ich die Gelegenheit bekam, in Indien vor Millionen Menschen über Jesus zu sprechen. Niemals würde ich das eintauschen, nicht einmal für das Amt des Bundeskanzlers.

Begegne jedem mit Wohlwollen!

Egal ob Alice Schwarzer oder Volker Beck, die Prostituierte in der „Insel" oder Christen, die mich angegriffen haben: Ich habe immer versucht, niemanden zu verurteilen. Im Gegenteil, ich habe versucht, jedem mit einem liebevollen Blick und sogar wertschätzend zu begegnen. Ich habe im wahrsten Sinne des Wortes meine vermeintlichen Feinde gesegnet. In dem Wissen, dass ich selbst Fehler habe und deshalb eigentlich nicht das Recht, die Fehler beim anderen zu suchen und ihn dafür zu verurteilen. Ich habe irgendwann gemerkt, dass ich dazu neige, besonders jene Schwächen und Fehler an anderen zu kritisieren, mit denen ich selbst zu kämpfen habe. Wir sind alle schwach und Schwäche ist etwas, womit wir alle schlecht umgehen können. Gestehen wir uns ein, dass jeder mal einen schlechten Tag haben kann, aber auch, dass wir alle in der Lage sind, über uns hinauszuwachsen. Jeder Mensch ist wertvoll. Jeder ist von Gott geliebt. Mit dieser Haltung will ich durchs Leben gehen. Nicht als Richter, sondern als das, was ich nun mal bin: als Sozialarbeiter, Pastor, Jesusnachfolger.

Und nun werde ich aus diesem Sessel aufstehen, den afrikanischen Löwen und die Landkarten vorerst hinter mir lassen, nach draußen gehen, mich einmal mehr neben meine Frau stellen, sie fragen, wie es ihr geht, und gemeinsam mit ihr übers Feld Richtung Chemnitz blicken. Ich werde mich daran erinnern, wie sie einst nach meiner überraschenden Wahlniederlage gesagt hat: „Mehr Zeit zu haben ist auch schön." Und ich werde ihr einmal mehr recht geben. Die Sonne geht gerade unter. Ich werde einatmen, ausatmen, die Schönheit des rosa getünchten Himmels genießen. Und danach noch eine Runde Skibbo mit meinem Enkel spielen.

Ich habe noch viel zu tun.

Ich danke euch ...

Gina, Ruth & Hans, Hilde, Mucky, Janine, Ina, David, Bärbel, Christel, Luke, Rosa, Anouk, Laura, Lilou, Noah, Fine, Laszlo, Manu, Julius, René, Markus, Aymen, Jenni, Zoe, Marie, Kaleb, Norwin, Jamie.

GOTT 🖤

Daniela, Anette, Norina, Irina, Elisabeth, Leni, Alex, Bernard, Omid, Georg, Damaris, Ari, Nicole, Anke, Merisha, Anna, Rose, Isabel, Nicole, Axel, Christiane, Hartmut, Erika, Ilt, Lizzy, Oskar, Val, Edelgard, Yvonne, Ori, Uschi, Andreas, Bodo, Tammy, Nicola, Gyde, Stefan, Richard, Akgül, Sabine, Susanne, Rolf, Michael, Dorle, Heidrun, Remo, Solveig, Micha, Holger, Ralph, Renzo, Ines, TdM, Tino, René, Marco, Detlef, Volker, Almut & Peter, David M., Arno & Andreas, Poldi & Ruth, David B., Daniel & Grace, Josip, Dietmar, Annette & Beat, Marsha & David, Sabine, Susi, Julie, Deliana, Susanne, Vanessa, Afet, Benita, Khatia, Roksolana, Sarah, Julia, Anastasia, Zecks, Kesslers, Jamie, Nikeschs, Gärtners, Karin, Fam. Zink, Tony, Thomas A., Sarah & Mitch, Anett, Svetti, Almut, Andrea, Dobrowolnys, Carlton, Karl-Dietmsr, Heinz, Steffen, Franz, Tilo, Rudolf, Harald, Juliane, Eskil, Miri & Tobias, Wolle, David, Veronica, Keith, Helena, TomBoi, Mittli, Claud, Mario, Johanna, Rebekka, Suz'n, Tom, Vornbergers, Falko, Samu & Sandra, CT, FuFeister, Christian, Jack & Mariann, Leo,

Stan, Juliane & Ben, Carsten, Anu, Dietmar R., Angelika, Gerhard, Thorsten, Gaby, Russ, Titus, Heike, Angelika, Sonja, Bjørn, Christian und Uwe …

… denn ihr habt mich zu dem Menschen gemacht, der ich heute sein darf.

Frank

 Das christliche Medienmagazin

PRO EDITION ist eine Buchreihe des Christlichen Medienmagazins PRO im BRUNNEN Verlag.

PRO – das ist hochwertiger Journalismus, der von vielen freiwilligen Spenden getragen wird. Unser junges Team aus christlichen Journalistinnen und Journalisten berichtet aus ganz Deutschland über Themen, die die Gesellschaft bewegen – aus christlicher Sicht.

Was denken Spitzenpolitiker über Jesus? Was hat die Bibel zu Künstlicher Intelligenz oder Bioethik zu sagen? Zu Lebensrecht oder sozialer Gerechtigkeit?

PRO hakt nach. Differenziert. Mutig. Christlich. Weil Glaube in die Öffentlichkeit gehört.

So finden Sie uns:

- PRO als gedrucktes **Magazin** (sechsmal jährlich, kostenlos abonnierbar): pro-medienmagazin.de/mag/

- **Tagesaktuelle** Berichterstattung auf www.pro-medienmagazin.de

- **Podcasts** unter pro-medienmagazin.de/podcasts

- **Instagram** (@pro_medienmagazin), **Facebook, Twitter** (@pro_magazin)

PRO freut sich über Ihre Spende – auch kleine Beträge helfen sehr: **pro-medienmagazin.de/spenden** oder per **IBAN DE73 5139 0000 0040 9832 01.**

1,50/11